U0961062

崇文館

崇文国学经典普及文库
CHONGWEN GUOXUE JINGDIAN PUJI WENKU

# 格言联璧

（清）金缨 著　雷明君 译

長江出版傳媒 | 崇文书局

**图书在版编目（CIP）数据**

格言联璧/（清）金缨著；雷明君译.—2版.—武汉：

崇文书局，2015.6（2016.1重印）

（崇文国学经典普及文库）

ISBN 978-7-5403-3880-0

Ⅰ.①格… Ⅱ.①金… ②雷… Ⅲ.①格言－汇编－中国－古代

②《格言联璧》－译文 Ⅳ.①H136.3

中国版本图书馆CIP数据核字(2015)第111050号

本作品之出版权（含电子版权）、发行权、改编权、翻译权等著作权以及本作品装帧设计的著作权均受我国著作权法及有关国际版权公约保护。任何非经我社许可的仿制、改编、转载、印刷、销售、传播之行为，我社将追究其法律责任。

法律顾问：吴建宝律师工作室

统　　筹：陈中琼

责任编辑：陈中琼　李慧娟

出版发行：长江出版传媒 Changjiang Publishing & Media | 崇文书局 Chongwen Publishing House

（武汉市雄楚大街268号·湖北出版文化城主楼C座11层

营销：027-87393855　传真：027-87679712）

印　　刷：咸宁市国宾印务有限公司

开　　本：700×1010　1/16

印　　张：14

字　　数：154千字

版　　次：2015年6月第2版

印　　次：2016年1月第3次印刷

定　　价：25.80元

# 总序

现代意义的“国学”概念，是在19世纪西学东渐的背景下，为了保存和弘扬中国优秀传统文化而提出来的。1935年，王滋尘在世界书局出版了《国学讲话》一书，第3页有这样一段说明：“庚子义和团一役以后，西洋势力益膨胀于中国，士人之研究西学者日益众，翻译西书者亦日益多，而哲学、伦理、政治诸说，皆异于旧有之学术。于是概称此种书籍曰‘新学’，而称固有之学术曰‘旧学’矣。另一方面，不屑以旧学之名称我固有之学术，于是有发行杂志，名之曰《国粹学报》，以与西来之学术相抗。‘国粹’之名随之而起。继则有识之士，以为中国固有之学术，未必尽为精粹也，于是将‘保存国粹’之称，改为‘整理国故’，研究此项学术者称为‘国故学’……”从“旧学”到“国故学”，再到“国学”，名称的改变意味着褒贬的不同，反映出身处内忧外患之中的近代诸多有识之士对中国优秀传统文化失落的忧思和希望民族振兴的宏大志愿。

从学术的角度看，国学的文献载体是经、史、子、集。崇文书局的这一套国学经典普及文库，就是从传统的经、史、子、集中精选出来的。属于经部的，如《诗经》《论语》《孟子》《周易》《大学》《中庸》《左传》；属于史部的，如《战国策》《史记》《三国志》《贞观政要》《资治通鉴》；属于子部的，如《道德经》《庄子》《孙子兵法》《鬼谷子》《世说新语》《颜氏家训》《容斋随笔》《本草纲目》《阅微草堂笔记》；属于集部的，如《楚辞》《唐诗三百首》《豪放词》《婉约词》《宋词三百首》《千家诗》《元曲三百首》《随园诗话》。这套书内容丰富，而分量适中。一个希望对中国优秀传统文化有所了解的人，读了这些书，一般说来，犯常识性错误的可能性就很小了。

崇文书局之所以出版这套国学经典普及文库，不只是为了普及国学常识，更重要的目的是，希望有助于国民素质的提高。在国学教育中，有一种倾向需要警惕，即把中国优秀的传统文化“博物馆化”。“博物馆化”是20世纪中叶美国学者列文森在《儒教中国及其现代命运》中提出的一个术语。列文森认为，中国传统文化在很多方面已经被博物馆化了。虽然中国传统的经典依然有人阅读，但这已不属于他们了。“不属于他们”的意思是说，这些东西没有生命力，在社会上没有起到提升我们生活品格的作用。很多人阅读古代经典，就像参观埃及文物一样。考古发掘出来的珍贵文物，和我们的生命没有多大的关系，和我们的生活没有多大关系，这就叫作博物馆化。“博物馆化”的国学经典是没有现实生命力的。要让国学经典恢复生命力，有效的方法是使之成为生活的一部分。崇文书局之所以强调普及，深意在此，期待读者在阅读这些经典时，努力用经典来指导自己的内外生活，努力做一个有高尚的人格境界的人。

国学经典的普及，既是当下国民教育的需要，也是中华民族健康发展的需要。章太炎曾指出，了解本民族文化的过程就是一个接受爱国主义教育的过程："仆以为民族主义如稼穑然，要以史籍所载人物制度、地理风俗之类为之灌溉，则蔚然以兴矣。不然，徒知主义之可贵，而不知民族之可爱，吾恐其渐就萎黄也。"(《答铁铮》)优秀的传统文化中，那些与维护民族的生存、发展和社会进步密切相关的思想、感情，构成了一个民族的核心价值观。我们经常表彰"中国的脊梁"，一个毋庸置疑的事实是，近代以前，"中国的脊梁"都是在传统的国学经典的熏陶下成长起来的。所以，读崇文书局的这一套国学经典普及读本，虽然不必正襟危坐，也不必总是花大块的时间，更不必像备考那样一字一句锱铢必较，但保持一种敬重的心态是完全必要的。

期待读者诸君喜欢这套书，期待读者诸君与这套书成为形影相随的朋友。

陈文新

（教育部长江学者特聘教授，武汉大学杰出教授）

# 前言

格言，作为一种能够给人以告诫、劝勉、激励的名言警句，是中国文化的一种特殊形式。它们大都是经历了长期实践的验证、得到广大群众公认的某种带有哲理性的文字。格言，具有言简意赅、韵味隽永的特点。寥寥数字，却包含着丰富的思想内容，能够给人以深刻的启迪。用宋朝大词人苏轼的话来说，叫做“至言不繁”，即至理名言，不多而明。

古今中外的格言警句曾经激励过一代又一代的仁人志士，它们就像春风化雨般潜移默化地影响着人们的心灵世界，如一盏盏的明灯，照亮人的心灵，照亮人的精神世界。这些名言能给我们很多启示，让我们避免走弯路，有利于人们选择正确的道路，朝着自己理想的高峰攀登。

《格言联璧》一书，系清代山阴人金缨所编。该书自问世后广泛流传于民间、宫廷，并远播海外，深受海内外读者的青睐，成为影响深远、经久不衰的佳作，堪称中华传统文化的结晶。

全书共分十一部分。论学问涵养、论修德养生、论待人处事、论治家从政、论吉凶祸福……每条格言内涵丰富，富有哲理，往往寥寥几字，或短短几句，突破混沌，指明奋斗目标。真可谓字字沁人心脾，言言落入肺腑。其举事之赅，其说理之切，其择辞之精，其成篇之简，皆见功力。一册在手，只要用心去读，用心去琢磨，就能得人生之真谛，游刃于生活空间，使人生迈入更高灵性的境界。它的确是一部难得的济世良药、人生指南。每天抄录一两条格言警句，写一写，背一背，天长日久，自有神效。

# 目录

# 学问类

从自然人成为社会人，离不开学习。学习是人生的第一要务，古今中外都是如此。然而人们学习的目的却不完全相同，方法也有优劣之分。有的人求学问是为了培养自己高洁的人品；有的人是为了增长见识、开阔眼界；有的人是为了追名逐利、升官发财；有的人则是为了向他人炫耀……有的人学习仅限于做学问、写文章；有的人学习喜欢好高骛远；有的人学习脚踏实地、学以致用；有的人学习言行一致、有始有终；有的人学习浅尝辄止、不知变通……凡此种种本篇都有陈说评述。学习本篇格言，对于端正人们对学习的认识，纠正当前急功近利的学风大有裨益。

**【原文】**

古今来许多世家，无非积德。
天地间第一人品，还是读书。

**【译文】**

古往今来出现过许多显贵的家族，它们共同的秘诀，无外乎善于积德。天地间最高的人品，还是要靠读书来培养。

**【原文】**

读书即未成名，究竟人高品雅；
修德不期获报，自然梦稳心安。

**【译文】**

喜欢读书的人,即使没有功成名就,终究还会修得高雅的人品;提高自己的德行却并不希望获得回报,自然就会睡得踏实,内心安宁。

**【原文】**

为善最乐,读书便佳。

**【译文】**

帮助别人、做善事,最使我快乐;认真读书、重修养,最为人赞许。

**【原文】**

诸君到此何为,岂徒学问文章?
擅一艺微长,便算读书种子?
在我所求亦恕,不过子臣弟友,
尽五伦本分,共成名教中人。

**【译文】**

各位到书院里来做什么呢?难道仅仅是为了求学问、做文章?只在求学问或做文章方面有点特长,难道算得上做学问的读书人了吗?我在此所求的推己及人的道理,不过是学一学为子为臣为弟为友之道,尽到一个人在君臣、父子、兄弟、夫妻、朋友这五种伦理关系中的责任和义务,和大家一起成为恪守礼教的正人君子。

**【原文】**

聪明用于正路,愈聪明愈好,
而文学功名益成其美;
聪明用于邪路,愈聪明愈谬,

而文学功名适济其奸。

【译文】

聪明用在正道上，越聪明越好，学问功名更能增进他的美德；人的聪明如果用在邪道上，越聪明越坏，学问功名正好助长了他的邪恶。

【原文】

战虽有阵，而勇为本。
丧虽有礼，而哀为本。
士虽有学，而行为本。

【译文】

打仗要讲究布阵方法，但将士的勇敢是最根本的。办丧事，虽然要讲究礼法，但哀伤是最根本的。虽然要讲究学问，但必须以德行为根本。

【原文】

飘风不可以调宫商；
巧妇不可以主中馈；
文章之士不可以治国家。

【译文】

旋风不可以根据它来调定音律；善于投机取巧的媳妇不可以让她管理家中事务；只会做文章的读书人，不可以委以治理国家的重任。

【原文】

经济出自学问，经济方有本源。
心性见之事功，心性方为圆满。
舍事功更无学问，求性道不外文章。

【译文】

经国济世之道只有从学问中来，才有不竭的源泉。修身养性之道只有体现在建功立业上，才算得上圆满。不为建功立业服务的学问不能算学问；要寻求修身养性之道，必须到圣贤的文章中去寻找。

【原文】

何谓至行，曰庸行。何谓大人，曰小心。
何以上达，曰下学。何以远到，曰近思。

【译文】

什么是最好的德行？即日常行为符合伦理道德就可以了。怎样才能称得上德行高尚之人？即谨言慎行，不忘礼数和规矩的人。怎样才能使自己的学问有所上进？只有不耻下问，虚心向别人学习。如何才能实现远大抱负？只有对当前切身的问题进行充分的考虑。

【原文】

竭忠尽孝，谓之人。治国经邦，谓之学。
安危定变，谓之才。经天纬地，谓之文。
霁月光风，谓之度。万物一体，谓之仁。

【译文】

能够尽心尽力地忠于君王、孝顺长辈的，才能称为人。能够治国安邦的道理和谋略，才能称为学问。能转危为安、平定叛乱的人，才能称为人才。能够编织天地万物于尺幅之间的文字，才能称为文章。心胸光明坦荡，才能称为风度。把天地万物看成是与我一体的，才称为有仁心。

【原文】

以心术为本根，以伦理为桢干，
以学问为菑畲，以文章为花萼，
以事业为结实。
以书史为园林，以歌咏为鼓吹，
以义理为膏粱，以著述为文绣，
以诵读为耕耘，以记问为居积。
以前言往行为师友，以忠信笃敬为修持，
以作善降祥为受用，以乐天知命为依归。

【译文】

把内心当作根，把伦理道德当作枝干，把学问当作良田，把文章当作花萼，把事业当作果实。把经书史籍当作园林，把吟咏诗文当作音乐，把经书学问当作食物，把写作著述当作刺绣华美的衣服，把背诵阅读作为耕耘田地，把讨论学问作为积蓄资财。把先贤的言行当作师友，把忠诚、守信、宽厚、认真当作修养的标准，把行善造福当作上天的恩赐，把了解并乐于接受命运安排当作心灵的归宿。

【原文】

凛闲居以体独，卜动念以知几，
谨威仪以定命，敦大伦以凝道，

备百行以考德，迁善改过以作圣。

**【译文】**

休闲时谨慎不苟，以体验“慎独”这种修养方法，从一闪念中预估，看出事物发生变化的征兆，举止严谨、安于天命，遵守人伦道德使自己成为贤者，完备自己的各种品行以合乎道德，改过向善以成圣贤。

**【原文】**

收吾本心在腔子里，是圣贤第一等学问；
尽吾本分在素位中，是圣贤第一等功夫。

**【译文】**

保持善良这一人的本性，是先贤们的最高学问；在平凡的岗位中尽自己的本分，是先贤们的头等功夫。

**【原文】**

万理澄澈，则一心愈精而愈谨；
一心凝聚，则万理愈通而愈流。

**【译文】**

对万物的事理清楚，那么心里就越明白而谨慎；用心专一，对事理就越通达且流畅。

【原文】

宇宙内事，乃己分内事；
己分内事，乃宇宙内事。

【译文】

将宇宙万物的事，视为自己分内的事；自己分内的事，就是宇宙万物的事。

【原文】

身在天地后，心在天地前；
身在万物中，心在万物上。

【译文】

人虽身体在天地万物之后，但人心能探知天地万物以前的变化；身体虽处在天地万物之中，但其心灵为万物的主宰。

【原文】

观天地生物气象，学圣贤克己工夫。
下手处是自强不息，成就处是至诚无息。

【译文】

观察天地万物的景象，学习圣人克己养性的功夫。行动上自强不息，到达道德修养的最高境界后仍坚持不懈，方是圆满。

【原文】

以圣贤之道教人易，以圣贤之道治己难。
以圣贤之道出口易，以圣贤之道躬行难。
以圣贤之道奋始易，以圣贤之道克终难。

圣贤学问是一套，行王道必本天德；
后世学问是两截，不修己只管治人。

【译文】

用圣贤的道理教导别人容易，用圣贤的道理约束自己很难。把圣贤的道理挂在嘴上容易，将圣贤的道理身体力行很难。践行圣贤的道理刚开始容易，把践行圣贤的道理坚持到底却很难。

古时圣贤的理论与实践是一致的，实行仁政必定以德行为本；后世理论与实践是两码事，人们学习圣贤的首先往往不用来约束自己而只用来要求别人。

【原文】

口里伊周，心中盗跖，
贵责人而不责己，名为挂榜圣贤；
独凛明旦，幽畏鬼神，
知人而复知天，方是有根学问。

【译文】

嘴里说着伊尹、周公等圣贤的高尚品德，心中却同盗跖那样充满邪念，要求别人而不要求自己，这种人叫做“挂榜圣贤”；白天能谨言慎行，晚上能敬畏鬼神，既知人事又晓天理，这样的人才算得上有真正的学问。

【原文】

无根本底气节，如酒汉殴人，
醉时勇，醒来退消，无分毫气力；
无学问底识见，如庖人炀灶，
面前明，背后左右，无一些照顾。

**【译文】**

没有本根的气节，就像醉汉喝醉酒打人，酒醉时勇敢，酒醒后勇气全消，没有一点儿力气。没有以学问为根基的见识，如同厨子站在炉灶前，前面光明，而后背、左右一片漆黑。

**【原文】**

理以心得为精，故当沉潜，
不然，耳边口头也；
事以典故为据，故当博洽，
不然，臆说杜撰也。

**【译文】**

道理以用心体会为精确得当，所以应当沉着稳重，不然就只是挂在耳边、口头的言语；事理应以典故为依据，所以必须学识广博，不然，就成了主观推测，胡编乱造。

**【原文】**

只有一毫粗疏处，便认理不真，所以说惟精，
不然，众论淆之而必疑；
只有一毫二三心，便守理不定，所以说惟一，
不然，利害临之而必变。

**【译文】**

只要有一丁点儿粗疏之处，就不能准确地认识事理，因此对事理的认识必须精确，要不然，各种观点就会相互混淆，必然产生疑惑；只要有一丁点儿三心二意，就守不住真理，所以说要求守理也得用心专一，不然的话，面临利害关头就必然变节。

【原文】

接人要和中有介，
处事要精中有果，
认理要正中有通。

【译文】

与人相处要既温和又有原则；处理事情要既精明又果断；认识道理要既正确又通达。

【原文】

在古人之后，议古人之失，则易；
处古人之位，为古人之事，则难。

【译文】

生于古人之后，谈论古人的缺点与失误，当然容易；假如处在古人的位置上，做古人所做的事情，就难了。

【原文】

古之学者，得一善言，附于其身；

今之学者，得一善言，务以悦人。

【译文】

古代的学者，得到一句善言，就会拿来亲自实践；而现在的学者，得到一句善言，就一定用来取悦他人。

【原文】

古之君子，病其无能也，学之；
今之君子，耻其无能也，讳之。

【译文】

古代的君子，为自己才学不高而忧虑，因此发奋学习以期迎头赶上；现在的文士，把自己才学不高当成可耻的事情，所以总是想法掩饰其不足，避忌短处。

【原文】

眼界要阔，遍历名山大川；
度量要宏，熟读五经诸史。

【译文】

要使眼界开阔，就得遍游名山大川；要使度量宏大，就须熟读经史典籍。

【原文】

先读经，后读史，则论事不谬于圣贤；
既读史，复读经，则观书不徒为章句。

【译文】

先读经书，然后读史籍，以经论史，那么评论史籍中的人和事，就不会与圣贤说法相悖；研读史籍，重读经书，以史证经，那么读书目的已升华，不仅仅是为了章法句段。

**【原文】**

**读经传则根底厚，看史鉴则议论伟；**
**观云物则眼界宽，去嗜欲则胸怀净。**

**【译文】**

诵读经传学问，能为治学打下坚实的基础；看史籍，鉴古今，能使人论事宏伟有气度；游山川，观壮景，能使人壮志凌云、眼界宽阔；戒嗜好，弃私欲，就会使人光明磊落、一尘不染。

**【原文】**

**一庭之内，自有至乐；六经以外，别无奇书。**

**【译文】**

在小小的庭院内，自有最快乐的事；除了六经之外，再没有值得称道的书了。

**【原文】**

**读未见书，如得良友；见已读书，如逢故人。**

**【译文】**

读未曾读过的书，好像新交了一个好朋友，情投意合、无比快乐；重读已经读过的书，好像遇到了老朋友那样，亲切自然、难舍难分。

**【原文】**

**何思何虑，居心当如止水；**

勿住勿忘，为学当如流水。

【译文】

不必想什么，不必忧什么，心境应如静水般平静；不要停止也不要忘记，读书应如流水不止。

【原文】

心不欲杂，杂则神荡而不收；
心不欲劳，劳则神疲而不入。

【译文】

心中不要有杂念，有杂念就会心神恍惚、注意力不能集中，无法静心学习；但也不要太劳累，不然就会精神疲惫而不能深入学习。

【原文】

心慎杂欲，则有余灵；目慎杂观，则有余明。

【译文】

心中的杂念不要太多，那样精神更加充沛，做事才更加灵活；眼睛不看杂乱的景物，那样才更加明亮，看清那些重要的本质的东西。

【原文】

案上不可多书，心中不可少书。
鱼离水则鳞枯，心离书则神索。

【译文】

书案上不能放太多的书，但心中的书不能太少。鱼儿若离开了水，鱼鳞就会干枯；心中若离开了书本，那么精神就无所寄托了。

【原文】

志之所趋，无远勿届，穷山距海不能限也；
志之所向，无坚不入，锐兵精甲不能御也。

【译文】

志向所指的地方，没有不能到达的，即使高山大海也不能阻止；志向所要到达的地方，没有不能攻入的，即使精兵强将也不能抵挡。

【原文】

把意念沉潜得下，何理不可得？
把志气奋发得起，何事不可做？

【译文】

只要能把心思沉潜下来，有什么道理弄不明白？只要能把志气振奋起来，有什么事情不能办到？

【原文】

不虚心，便如以水沃石，一毫进入不得；
不开悟，便如胶柱鼓瑟，一毫转动不得。

【译文】

学习不虚心，就像用水去浇石头，丝毫也进不去；学习不用心领悟，犹如用胶粘住弦柱去鼓瑟，固执拘泥，一点也不知变通。

【原文】

不体认，便如电光照物，一毫把捉不得；不躬行，便如水行得车，陆行得舟，一毫受用不得。

【译文】

读书若不体验认识，就像闪电照物，一照而过，一点要旨都抓不到；读书若不身体力行，就像走水路却只有车，走陆路却只有船一样，一点用处也没有。

【原文】

读书贵能疑，疑乃可以启信；
读书在有渐，渐乃克底有成。

【译文】

读书时最可贵的在于能产生疑问，有了疑问就可以启发思考、获得真知；读书贵在循序渐进，只有循序渐进，才能坚持到底、终有所成。

【原文】

看书求理，须令自家胸中点头；
与人谈理，须令人家胸中点头。

【译文】

读书求得的道理，必须让自己信服；与别人谈道理，必须叫人家点头称是才对。

【原文】

爱惜精神，留他日担当宇宙；
蹉跎岁月，问何时报答君亲？
戒浩饮，浩饮伤神。戒贪色，贪色灭神。
戒厚味，厚味昏神。戒饱食，饱食闷神。
戒多动，多动乱神。戒多言，多言损神。
戒多忧，多忧郁神。戒多思，多思挠神。
戒久睡，久睡倦神。戒久读，久读苦神。

【译文】

爱惜精神，留待以后担当宇宙、人生的重任；
浪费光阴，将来拿什么报答君主、父母的恩情？
戒酗酒，酗酒使精神受伤。戒好色，好色使精神灭绝。
戒美味，美味使精神昏沉。戒过饱，过饱使精神烦闷。
戒多动，多动使精神混乱。戒多话，多话使精神受损。
戒多忧，多忧使精神郁结。戒多思，多思使精神受扰。
戒久睡，多久使精神疲惫。戒久读，久读使精神劳苦。

# 存养类

健全的心理是充分发挥人的才能和培养人的良好道德、促进身体健康的前提，是人们事业成功和生活幸福的保证。自古以来，人们都很重视培养健康的心理，尤其是现在人们处于知识越来越现代化，社会生产越来越高技术化，环境问题越来越尖锐，竞争越来越激烈，社会越来越复杂的时代，如果没有良好的心理素质是无法适应这个既充满朝气和活力而又“险象环生”的世界，因此当代的心理教育被提到了前所未有的高度。本篇着重讲述读书人应具备哪些健全的心理，以及怎样克服不良心理、培养健康心理。

**【原文】**

性分不可使不足，故其取数也宜多：曰穷理，曰尽性，曰达天，曰入神，曰致广大，极高明。

情欲不可使有余，故其取数也宜少：曰谨言，曰慎行，曰约己，曰清心，曰节饮食，寡嗜欲。

**【译文】**

对人天性的培养是必不可少的，千万不能不足，所以讲究的地方也应该很多，有：深入探究事理，充分发挥天赋，能够通达自然，进入神妙境界，造就博大的胸怀和高洁的品德；但人的情感欲望不能太多，所以应当减少些，包括：管束自己说话谨慎，行为举止要检点，约束自己，清心寡欲，节制饮食，减少欲念与嗜好。

【原文】

大其心，容天下之物；虚其心，受天下之善；
平其心，论天下之事；潜其心，观天下之理；
定其心，应天下之变。

【译文】

心胸开阔，才能包容天下的万事万物；为人谦虚，才能接受天下的真知善德；处事公正，才能纵论天下的善恶得失；思想深沉，才能探讨天下的人情物理；心性稳定，才能应付天下的风云变幻。

【原文】

清明以养吾之神，湛一以养吾之虑，
沉警以养吾之识，刚大以养吾之气，
果断以养吾之才，凝重以养吾之度，
宽裕以养吾之量，严冷以养吾之操。

【译文】

用虚静明白培养自己的精神，用精湛专一培养自己的思虑，用沉着警觉培养自己的胆识，用刚毅宏大培养自己的气魄，用坚决果断培养自己的才干，用稳健庄重培养自己的度量，用豁达宽容培养自己的胸襟，用严正肃穆培养自己的节操。

**【原文】**

自家有好处，要掩藏几分，这是涵育以养深；
别人不好处，要掩藏几分，这是浑厚以养大。

**【译文】**

对自身的优点，要掩藏几分，这是用涵养化育来培养深沉的品格；对别人的缺点，要掩藏几分，这是用浑朴宽厚来造就博大的胸怀。

**【原文】**

以虚养心，以德养身；
以仁养天下万物，以道养天下万世。

**【译文】**

用谦虚培养自己的胸怀，用道德规范自己的言行；用仁爱对待天下万物，遵天道治理国家以至万代。

**【原文】**

涵养冲虚，便是身世学问；
省除烦恼，何等心性安和！

**【译文】**

培养造就谦虚的品格，便是一生的学问；抛开无端的烦恼，心境又是多么安静平和！

【原文】

颜子四勿，要收入来；
闲存工夫，制外以养中也；
孟子四端，要扩充去；
格致工夫，推近以暨远也。

【译文】

颜子的"四勿"（非礼勿视、非礼勿听、非礼勿言、非礼勿动）要牢记在心；闲暇时能克服外部的干扰以修养心性；孟子的"四端"（仁、义、礼、智）要尽力扩展发扬；"格物致知"的工夫就是：能由近及远，推己及人。

【原文】

喜怒哀乐而曰未发，是从人心直溯道心，要他存养；
未发而曰喜怒哀乐，是从道心指出人心，要他省察。

【译文】

有喜怒哀乐之情却没有表现出来，这是从凡人之心直接推求到道德之心，使人们保存并且继续修养；虽未表现出来但却怀有喜怒哀乐之情，这是从道德之心的角度指出人心的欠缺，要人们反省改正。

【原文】

存养宜冲粹，近春温；省察宜谨严，近秋肃。

【译文】

存心养性要中和纯正，如春天般的温暖和润；自察反省要谨慎严格，像秋天般冷峻严肃。

【原文】

就性情上理会，则曰涵养；
就念虑上提撕，则曰省察；
就气质上销熔，则曰克治。

【译文】

从性情角度去了解掌控，就是“涵养”；从思想方面去注意的提醒就是“省察”；从气质上去销熔就是“克治”。

【原文】

果决人似忙，心中常有余闲；
因循人似闲，心中常有余忙。

【译文】

办事果断坚决的人看起来好像忙碌，其实心中常有闲暇；遇事因循苟且的人看起来闲暇，其实心中常有牵挂。

【原文】

寡欲故静，有主则虚。

【译文】

心中少欲念才能心平气和，心中有主见才能虚怀若谷。

【原文】

无欲之谓圣，寡欲之谓贤，
多欲之谓凡，徇欲之谓狂。

【译文】

没有欲念的人称为圣人，欲念少的人称为贤人，欲念多的人称为凡人，放纵欲念的人称为狂人。

【原文】

人之心胸，多欲则窄，寡欲则宽。
人之心境，多欲则忙，寡欲则闲。
人之心术，多欲则险，寡欲则平。
人之心事，多欲则忧，寡欲则乐。
人之心气，多欲则馁，寡欲则刚。

【译文】

人的心胸，欲念多则狭窄，欲念少则宽广。人的心境，欲念多则忙乱，欲念少则悠闲。人的心术，欲念多则险恶，欲念少则平和。人的心事，欲念多则忧愁，欲念少则快乐。人的心气，欲念多则软弱，欲念少则刚强。

【原文】

宜静默，宜从容，宜谨严，宜俭约，
四者切己良箴。
忌多欲，忌妄动，忌坐驰，忌旁骛，
四者切己大病。
常操常存，得一恒字诀；

勿忘勿助，得一渐字诀。

【译文】

应安静、少说话、从容不迫、严谨及节俭，这四点都是告诫自己的良言。不要多欲、盲动、坐在此地却心在他处、用心不专一，这四点都是人易犯的错误。经常遵循，经常保存的箴言，秘诀在于持之以恒；时时提醒不要助长切身的毛病，循序渐进是其秘诀。

【原文】

敬守此心，则心定；敛抑其气，则气平。

【译文】

谨慎守住善良的心性，则心灵安定；收敛抑制浮躁之气，则心平气和。

【原文】

人性中不曾缺一物，人性上不可添一物。

【译文】

人性的内涵中不曾缺少善性，而人性的需求则不能多添一分欲念。

【原文】

君子之心不胜其小，而气量涵盖一世；
小人之心不胜其大，而志意拘守一隅。

【译文】

君子所求可以很少，但气量宏大涵盖一切；小人所求可以很多，但志气却很狭小。

【原文】

怒是猛虎，欲是深渊。

【译文】

发怒如猛虎伤人，欲念似深渊难填。

【原文】

忿如火，不遏则燎原；欲如水，不遏则滔天。

【译文】

愤怒像火，不遏制就会成燎原之势；欲望像水，不遏制就会成滔天之势。

【原文】

惩忿如摧山，窒欲如填壑；
惩忿如救火，窒欲如防水。

【译文】

控制愤怒的情绪如同摧毁山峦，压制欲望如同填平沟壑；控制愤怒像救火，遏制欲望似防洪。

【原文】

心一松散，万事不可收拾。
心一疏忽，万事不入耳目。
心一执著，万事不得自然。

【译文】

用心一旦松散，那么万事都做不好。用心一旦粗疏，那么凡事不能聚精会神。用心一旦固执，凡事就不能见其本来面目。

**【原文】**

一念疏忽，是错起头；一念决裂，是错到底。

**【译文】**

一念的疏忽是错误的开始，一念出现重大偏差，便会一错到底。

**【原文】**

古之学者，在心上做工夫，
故发之容貌，则为盛德之符；
今之学者，在容貌上做工夫，
故反之于心，则为实德之病。

**【译文】**

古代学者在内心涵养上下工夫，所以表现在外表上，便是德高望重的标志；今天的学者在外表上下工夫，所以他们的做法有悖于修行内心涵养，则显出实际德行的缺陷。

**【原文】**

只是心不放肆，便无过差；
只是心不怠忽，便无逸志。

【译文】

只要内心不放纵，行为就不会出现差错；只要用心不怠惰疏忽，就不会有随意放纵的志向。

【原文】

处逆境心，须用开拓法；
处顺境心，要用收敛法。

【译文】

处于逆境时，思想要开拓放达，奋发图强；处于顺境时，思想要警觉收敛，约束自身。

【原文】

世路风霜，吾人炼心之境也。
世情冷暖，吾人忍性之地也。
世事颠倒，吾人修行之资也。

【译文】

人世的道路如寒风秋霜般险恶，是我们锤炼思想的环境；世态人情的冷暖炎凉，是我们克制性情的时机；世事是非颠倒，是我们修身实践的凭借。

【原文】

青天白日的节义，自暗室屋漏中培来；
旋乾转坤的经纶，自临深履薄处得力。

【译文】

光耀千古的气节道义，是从独处暗室，为人所不见的地方修身励志而培养出来的；扭转乾坤的治国抱负与才能，是从如临深渊、如履薄冰的险境中戒惧造就的。

**【原文】**

**名誉自屈辱中彰，德量自隐忍中大。**

**【译文】**

高尚的名望声誉，在屈辱中彰显；宏大的道德雅量，在隐忍中发扬。

**【原文】**

**谦退是保身第一法，安详是处事第一法；**
**涵容是待人第一法，洒脱是养心第一法。**

**【译文】**

谦逊退让，是保全自身的首要方法；从容稳重，是处理事务的首要方法；包涵容忍是对待他人的首要方法；洒脱不拘，是修身养性的首要方法。

**【原文】**

**喜来时，一检点；怒来时，一检点；**
**怠惰时，一检点；放肆时，一检点。**

**【译文】**

沾沾自喜时，应该约束反省；怒气冲天时，应该约束反省；懈怠懒惰时，应该约束反省；言行轻率时，应该约束反省。

**【原文】**

**自处超然，处人蔼然；**

无事澄然，有事斩然；
得意淡然，失意泰然。

**【译文】**

独处时要超脱，与人共处时要和蔼可亲；无事时要安宁闲适，有事时做事要果断；得意时要淡泊宁静，失意时要泰然处之。

**【原文】**

静能制动，沉能制浮，宽能制褊，缓能制急。

**【译文】**

安静能克制躁动，沉稳能克制浮躁不专，宽容能克服心胸狭窄，舒缓可克制急躁不宁。

**【原文】**

天地间真滋味，惟静者能尝得出；
天地间真机栝，惟静者能看得透。

**【译文】**

天地间万事万物的真正本质，唯有心静的人才能体味出来；天地间万事万物的真正关键，唯有心静的人才能彻底看透。

**【原文】**

有才而性缓，定属大才；
有智而气和，斯为大智。

**【译文】**

有才华而性情舒缓的人，一定是有大才能；有智慧而心气平和的人，方称得上大智慧。

【原文】

气忌盛，心忌满，才忌露。

【译文】

脾气切忌太盛，心志切忌自满，才能切忌外露。

【原文】

有作用者，器宇定是不凡；
有智慧者，才情决然不露。

【译文】

有作为的人，其风度肯定与众不同；有智慧的人，其才情绝对不会轻易显露。

【原文】

意粗性躁，一事无成；心平气和，千祥骈集。

【译文】

为人粗心大意、性情暴躁，将会一事无成；为人心平气和，诸多好

事将会接踵而至。

【原文】

世俗烦恼处，要耐得下。
世事纷扰处，要闲得下。
胸怀牵缠处，要割得下。
境地浓艳处，要淡得下。
意气愤怒处，要降得下。

【译文】

面对世俗的烦恼要能忍耐得住。身处纷扰的世事之中要能安闲得住。心中牵挂的事要能割舍得下。身处美色之中要能淡然处之。心怀愤怒之时要能抑制住情绪。

【原文】

以和气迎人，则乖沴灭。
以正气接物，则妖氛消。
以浩气临事，则疑畏释。
以静气养身，则梦寐恬。

【译文】

以和蔼的态度待人，就不会有灾祸。以公正之气对待事物，歪风邪气就会消除。以浩然之气处理事情，疑难、畏惧就会释然而解。以宁静之气修养身心，则睡梦中也安稳。

【原文】

观操存，在利害时；观精力，在饥疲时；

观度量，在喜怒时；观镇定，在震惊时。

【译文】

察看一个人的操守，应在他遇到利害得失的时候；察看一个人的精力，要在他处于饥饿疲劳时；察看一个人的度量，应在他面临喜怒哀乐时；看一个人沉着与否，要在他遇到惊吓时。

【原文】

大事难事看担当，逆境顺境看襟度。
临喜临怒看涵养，群行群止看识见。

【译文】

面临大事难事，可看出一个人的责任心与度量；处逆境顺境，可看出一个人的胸襟气度。遇喜事怒事，可看出一个人涵养的深浅；与同辈相处，可看出一个人见识的高低。

【原文】

轻当矫之以重，浮当矫之以实，
褊当矫之以宽，执当矫之以圆，
傲当矫之以谦，肆当矫之以谨，
奢当矫之以俭，忍当矫之以慈，
贪当矫之以廉，私当矫之以公。
放言当矫之以缄默，好动当矫之以镇静，
粗率当矫之以细密，躁急当矫之以和缓，
怠惰当矫之以精勤，刚暴当矫之以温柔，
浅露当矫之以沉潜，溪刻当矫之以浑厚。

**【译文】**

轻佻应以稳重矫正，浮躁当以踏实矫正，褊狭应以宽宏矫正，固执应以圆通矫正，傲慢应以谦虚矫正，放肆应以恭谨矫正，奢侈应以节俭矫正，残忍应以慈悲矫正，贪心应以廉洁矫正，自私应以公正矫正。多话要以缄默矫正，好动应以镇静矫正，粗率应以细密矫正，急躁应以和缓矫正，懈怠懒惰应以专心勤勉矫正，刚猛暴戾要用温和柔顺矫正，浅露应以深沉不露矫正，刻薄应以宽厚矫正。

# 持躬类

读书的主要目的，是为了修身养性，以成就君子的美德。然而“纸上得来终觉浅，绝知此事要躬行”。要想成为君子，就得在日常的生活中，谨言慎行、惩忿窒欲，还要在是非颠倒的逆境中加以磨砺。尤其在市场经济飞速发展的今天，人们面临着金钱与道德，理智与情感的抉择，正是修炼身心的好时机。本篇主要描述了君子应有的种种德行，列举了一些修身进德的方法。

**【原文】**

聪明睿智，守之以愚。功被天下，守之以让。
勇力振世，守之以怯。富有四海，守之以谦。

**【译文】**

聪明睿智的人，须保持敦厚拙朴的态度，不可锋芒外露。功高盖世的人，要保持谦虚礼让的态度，不可居功自傲。勇猛无敌的人，要保持小心谨慎的态度，不可无所忌惮。富可敌国的人，要保持谦虚的态度，不可张狂放肆。

**【原文】**

不与居积人争富，不与进取人争贵，
不与矜饰人争名，不与少年人争英俊，
不与盛气人争是非。

【译文】

不和囤积财物的人比较富贵的多少，不和热心仕途的人比较地位的高下，不与自夸作假的人比较名声的大小，不和年轻人比较仪容风度的俊丑，不和争强好胜的人争论是非的对错。

【原文】

富贵，怨之府也。才能，身之灾也。
声名，谤之媒也。欢乐，悲之渐也。

【译文】

荣华富贵，往往成为聚集怨恨的渊薮。才华能力，常常就是招致灾祸的根由。声誉名望，往往成为招致毁谤的媒介。欢愉快乐，常常就是走向悲凉的开始。

【原文】

浓于声色，生虚怯病。浓于货利，生贪饕病。
浓于功业，生造作病。浓于名誉，生矫激病。

【译文】

迷恋歌舞女色过度，就会生出虚怯的毛病。追求钱财利益的心太重，就会生出贪得无厌的毛病。过于热衷功名事业，就会生出矫揉造作的毛病。追求声誉名望的心太重，就会生出言行偏激的毛病。

【原文】

想自己身心，到后日置之何处；
顾本来面目，在古时像个甚人。

【译文】

设想自己的身心，在百年之后将被后人安放在什么位置上；省察自己的面目，看看和历史上的哪个人物相像。

【原文】

莫轻视此身，三才在此六尺；
莫轻视此生，千古在此一日。

【译文】

不要看不起自己的躯体，天、地、人的精华都蕴藏在这六尺身躯中；不要轻视今生的时光，建立彪炳千古的功业关键在今朝。

【原文】

醉酒饱肉，浪笔恣谈，却不错过了一日？
妄动胡言，昧理纵欲，讵不作孽了一日？

【译文】

饱食终日，宴乐无度，放纵笔墨，恣意谈论，难道不是白白地浪费了一天？轻举妄动，胡言乱语，违反情理，放纵私欲，岂不就是造孽的一日？

【原文】

不让古人,是谓有志;不让今人,是谓无量。

【译文】

敢于在古人成就面前一争高低,这叫有志气;在今人的成就面前不虚心,这就叫没有气量。

【原文】

一能胜千,君子不可无此小心;
吾何畏彼,丈夫不可无此大志。

【译文】

一个人的力量能胜过许多人的力量,君子不能没有这种戒心;我为何要惧怕他,大丈夫不能没有这种大志向。

【原文】

怪小人之颠倒豪杰,不知惟颠倒方为小人。
惜君子之受世折磨,不知惟折磨乃见君子。

【译文】

责怪小人贬损豪杰,而不了解正因为贬损了豪杰,他们才成为小人;为君子受世间折磨而怜惜,而不知只有经受了折磨才能锤炼为君子。

【原文】

经一番挫折,长一番识见;
容一番横逆,增一番器度;
省一分经营,多一分道义;
学一分退让,讨一分便宜;

去一分奢侈，少一分罪过；
加一分体贴，知一分物情。

【译文】

经历一番挫折，才能增长一分见识；遭受一些磨难，才能增一分度量；省一分利益的经营，增多一分道义；能学一分退让，可得一分便宜；去掉一分享受，则减少一分罪过；对别人多一分体贴，就多懂得一分世情。

【原文】

不自重者取辱，不自畏者招祸，
不自满者受益，不自是者博闻。

【译文】

不自尊自重的人就会自取其辱，不知道有所畏惧的人会招致灾祸，不自我满足的人会得到益处，不自以为是的人见多识广。

【原文】

有真才者，必不矜才；有实学者，必不夸学。

【译文】

有真才实学的人，一定不会恃才傲物；有真学问的人，一定不会夸耀学问。

【原文】

盖世功劳，当不得一个矜字；
弥天罪恶，最难得一个悔字。

【译文】

即使有盖世的功劳，也不应该居功自傲；即使有滔天的罪恶，只要有悔过之心，就是难得的。

【原文】

诿罪掠功，此小人事。掩罪夸功，此众人事。
让美归功，此君子事。分怨共过，此盛德事。

【译文】

把罪责推给别人，夺取别人的功劳是小人所做的事。掩饰过错，夸耀功劳是普通人的做法。好事和功劳谦让于别人，是君子的行为。为他人分担罪过，是德行高尚之人所做的事。

【原文】

毋毁众人之名，以成一己之善；
毋没天下之理，以护一己之过。

【译文】

不要诋毁众人的名声来成就自己的好名声，不要埋没天下的事理来掩饰自己的过错。

【原文】

大著肚皮容物，立定脚跟做人。
实处著脚，稳处下手。

【译文】

宽宏大量容纳一切之物，稳定立场做人。在踏实的地方站立，稳当之处着手。

【原文】

读书有四个字最要紧，曰阙疑好问；
做人有四个字最要紧，曰务实耐久。

【译文】

读书最要紧的就是能挖掘疑点、勤学好问；做人最要紧的就是踏踏实实、持之以恒。

【原文】

事当快意处须转，言到快意时须住。

【译文】

事情在最得意时，须防节外生枝、乐极生悲；话说到最忘形时，应立即打住，以防言中有失。

【原文】

物忌全胜，事忌全美，人忌全盛。

【译文】

事物忌讳发展到顶峰，事情忌讳十全十美，人则忌讳各方面都优越。

【原文】

尽前行者地步窄，向后看者眼界宽。

【译文】

一味向前行的人，会觉得道路越来越窄，常常向后看的人，反而会觉得眼界越来越宽。

【原文】

留有余不尽之巧，以还造化。
留有余不尽之禄，以还朝廷。
留有余不尽之财，以还百姓。
留有余不尽之福，以贻子孙。

【译文】

把一些用不完的技艺，还给大自然。把一些花不完的俸禄，还给朝廷。把一些用不完的财富，还给百姓。把一些享不完的福分，留给子孙。

【原文】

四海和平之福，只是随缘；
一生牵惹之劳，总因好事。

【译文】

天下和平安定的福分，只能随缘而遇；一生牵挂的劳苦，总是因为好事。

【原文】

花繁柳密处拨得开，方见手段；

风狂雨骤时立得定，才是脚跟。

【译文】

面对复杂环境中的各种诱惑，能摆脱缠绕、抽身而出，才显示出手段的高明；面对世间如狂风骤雨般的险恶环境，都能站稳脚跟，这才是意志坚定。

【原文】

步步占先者，必有人以挤之；
事事争胜者，必有人以挫之。

【译文】

任何事都想抢先的人，一定会有人排挤他；任何事都想争胜的人，一定有人等着挫败他。

【原文】

能改过，则天地不怒；能安分，则鬼神无权。

【译文】

能改过自新，连天地都不会发怒；能安分守己，连鬼神都无可奈何。

【原文】

言行拟之古人，则德进。
功名付之天命，则心闲。
报应念及子孙，则事平。
受享虑及疾病，则用俭。

【译文】

言行效法古代圣贤，那么道德就会大有长进。功名利禄听天由命，那么心里才会安闲自在。常想因果报应是否殃及子孙后代，那么办事就会公正。考虑到过度享乐会引来疾病，那么生活就会俭朴节省。

**【原文】**

安莫安于知足，危莫危于多言；
贵莫贵于无求，贱莫贱于多欲；
乐莫乐于好善，苦莫苦于多贪；
长莫长于博谋，短莫短于自恃；
明莫明于体物，暗莫暗于昧几。

**【译文】**

最大的安逸莫过于知足常乐，最大的危险莫过于多言致祸；最可贵的心态莫过于无欲无求，最低贱的心态莫过于欲念过多；最快乐的莫过于乐善好施，最痛苦的莫过于贪图钱财；最大的长处莫过于足智多谋，最大的短处莫过于自负自矜；最大的聪明莫过于体察万物，最大的愚昧莫过于不明征兆。

**【原文】**

能知足者，天不能贫。
能忍辱者，天不能祸。
能无求者，天不能贱。
能外形骸者，天不能病。
能不贪生者，天不能死。
能随遇而安者，天不能困。
能造就人材者，天不能孤。
能以身任天下后世者，天不能绝。

【译文】

能知足的人，上天不会让他陷于贫穷。能够忍辱的人，上天不会让他遭受灾祸。能够无欲无求的人，上天不会让他沦于卑贱。放浪形骸之人，上天不会让他困病。能够不贪生怕死的人，上天不会让他死去。能够随遇而安的人，上天不会让他坎坷困顿。能够造就人才的人，上天不会让他一生孤独。能够以天下平安、后世幸福为己任的人，上天不会让他后继无人。

【原文】

天薄我以福，吾厚吾德以迓之。
天劳我以形，吾逸吾心以补之。
天厄我以遇，吾亨吾道以通之。
天苦我以境，吾乐吾神以畅之。

【译文】

上天赐我的福分浅薄，我就努力提升自己的道德修养去迎接它。上天使我身体劳苦，我就使自己的内心安逸去弥补它。上天使我遭遇艰难，我就使心境顺畅去打通它。上天使我境况困苦，我就力求精神愉快去疏导它。

【原文】

吉凶祸福，是天主张。
毁誉予夺，是人主张。
立身行己，是我主张。

【译文】

人生所遭遇的吉凶祸福，是由上天安排的。个人的毁誉予夺，是

由别人掌握的。为人处事，是由自己决定的。

【原文】

要得富贵福泽，天主张，由不得我；
要做贤人君子，我主张，由不得天。

【译文】

想要享富贵得福泽，要看上天怎么安排，自己无能为力；想要做贤人君子，主要由自己决定，由不得上天决定。

【原文】

富以能施为德，贫以无求为德，
贵以下人为德，贱以忘势为德。

【译文】

富贵的人，应把施舍穷人作为自己的美德；贫穷的人，应把无所欲求作为自己的美德；尊贵的人，应把对人谦让作为自己的美德；低贱的人，应把不趋炎附势作为自己的美德。

【原文】

护体面，不如重廉耻。求医药，不如养性情。
立党羽，不如昭信义。作威福，不如笃至诚。
多言说，不如慎隐微。博声名，不如正心术。
恣豪华，不如乐名教。广田宅，不如教义方。

【译文】

爱护自己的面子，不如注重廉耻。求医用药，不如怡养性情。结交党羽，不如昭示信义。作威作福，不如忠实厚道。过多言辞，不如谨小慎微。博取声名，不如端正心术。恣意于骄奢淫逸，不如乐于修习名教。广置田宅，不如教导子孙做人的道理和规范。

【原文】

行己恭，责躬厚，接众和，
立心正，进道勇，
择友以求益，改过以全身。

【译文】

行为举止恭谦，严格要求自己，接人待物心情平和，心术端正，学习圣贤之道勇于进取。择友以对自己是否有益为标准，改掉过错，以求得德行完满。

【原文】

敬为千圣授受真源，慎乃百年提撕紧钥。

【译文】

待人恭敬是圣贤们传授的真正秘诀，处事谨慎是百年来提醒人们言行的关键。

**【原文】**

度量如海涵春育，应接如流水行云，
操存如青天白日，威仪如丹凤祥麟，
言论如敲金戛石，持身如玉洁冰清，
襟抱如光风霁月，气概如乔岳泰山。

**【译文】**

度量，应如大海般宽广，如春风般孕育万物；待人接物，应如行云流水般坦然；情操，应如青天白日般光明；威仪，应如丹凤麒麟般祥和；言论，应如敲金击石般洪亮；守身，应如冰清玉洁般纯洁；胸襟，应如光风霁月般坦荡；气概，应如巍峨的泰山般崇高。

**【原文】**

海阔凭鱼跃，天空任鸟飞，
非大丈夫不能有此度量。
振衣千仞冈，濯足万里流，
非大丈夫不能有此气节。
珠藏泽自媚，玉韫山含晖，
非大丈夫不能有此蕴藉。
月到梧桐上，风来杨柳边，
非大丈夫不能有此襟怀。

**【译文】**

大海宽阔得任凭鱼儿任意腾跃，天空辽阔得任凭鸟儿自由飞翔，不是大丈夫不可能有这样的度量。在千尺高的山冈上抖落尘土，在万里长流中洗净足上的污垢，不是大丈夫不可能有这样的气节。珍珠即使埋藏在水泽中也仍然美好，美玉即使蕴藏在深山也依旧光辉照人，不是大丈夫不可能有如此含而不露的品格。如月光照在梧桐树上，如清风吹拂杨柳树，不是大丈夫不可能有如此胸襟。

**【原文】**

处草野之日，不可将此身看得小；
居廊庙之日，不可将此身看得大。

**【译文】**

即使身处民间为百姓，也不能看轻自己；即使居于朝廷做大官，也不能抬高自己。

**【原文】**

只一个俗念头，错做了一生人；
只一双俗眼目，错认了一生人。

**【译文】**

只因为有庸俗的念头，一生都做错了事；只因为用庸俗的眼光看人，一生都没有看准。

**【原文】**

心不妄念，身不妄动，口不妄言，君子所以存诚。

内不欺己，外不欺人，上不欺天，君子所以慎独。

不愧父母，不愧兄弟，不愧妻子，君子所以宜家。

不负天子，不负生民，不负所学，君子所以用世。

【译文】

心中没有不正的念头，行为不胡乱行动，口中不胡言乱语，所以君子的一切行为皆存诚信。对内不欺骗自己，对外不欺骗他人，对上不欺骗上天，所以君子独处时能谨慎不苟。不愧对父母，不愧对兄弟，不愧对妻儿，君子所以能够家庭和睦家庭。不辜负君主，不辜负百姓，不辜负自己所学，君子因此出任官职。

【原文】

以性分言，无论父子兄弟，即天地万物，皆一体耳，何物非我？于此信得及，则心体廓然矣；以外物言，无论功名富贵，即四肢百骸，亦躯壳耳，何物是我？于此信得及，则世味淡然矣。

【译文】

就天性而言，不管是父子兄弟，还是天地万物，都是一个整体，哪有物体与我有本质区别？如果能达到这样的认识，精神和肉体的界限就清除了；就外在而言，不管是功名富贵，还是四肢躯体，也不过是躯壳，有什么东西属于我的呢？如果能认识到这一真谛，那么所有的功名富贵、世俗性就会变得淡然无味。

【原文】

有补于天地曰功，有关于世教曰名，
有学问曰富，有廉耻曰贵，是谓功名富贵。
无为曰道，无欲曰德，无习于鄙陋曰文，
无近于暧昧曰章，是谓道德文章。

【译文】

做对天地有益的事，这样的作为可称为“功”，做有关于当世礼法教化的事，这样的作为可称为“名”，有学问便称得上“富”，知礼义廉耻便称得上“贵”，这就是“功名富贵”的含义。不求有为称为“道”，无欲念称为“德”，没有世俗的恶习称为“文”，处事不含糊而有条理称为“章”，这就是“道德文章”。

【原文】

困辱非忧，取困辱为忧；
荣利非乐，忘荣利为乐。

【译文】

困苦受辱的处境不值得忧虑，而自取困辱的行为才值得忧虑；荣耀利益不算真正的快乐，忘掉荣耀利益才能获得真正的快乐。

【原文】

热闹华荣之境，一过辄生凄凉；
清真冷淡之为，历久愈有意味。

【译文】

热闹繁华的光景一过，过去之后心中往往产生凄凉的感觉；而清淡朴素的行为，才能历久而更有意味。

【原文】

心志要苦，意趣要乐，气度要宏，言动要谨。

【译文】

一个人要有劳苦的心志，乐观的意趣，宏大的气度，谨慎的言行。

【原文】

心术以光明笃实为第一；
容貌以正大老成为第一；
言语以简重真切为第一。

【译文】

心术要把光明坦诚放在首位；容貌要把正直沉稳放在首位；说话要把简洁真诚放在首位。

【原文】

勿吐无益身心之语，勿为无益身心之事，
勿近无益身心之人，勿入无益身心之境，
勿展无益身心之书。

【译文】

不利于身心健康的话不要说，不利于身心健康的事不要做，不利于身心健康的人不要接触，不利于身心健康的场所不要去，不利于身心健康的书不要看。

【原文】

此生不学一可惜；
此日闲过二可惜；
此身一败三可惜。

【译文】

今生没有很好地学习，这是第一件可惜的事；每天都在无所事事中度过，这是第二件可惜的事；终生一事无成，这是第三件可惜的事。

【原文】

君子胸中所常体，不是人情是天理。
君子口中所常道，不是人伦是世教。
君子身中所常行，不是规矩是准绳。

【译文】

君子心中常常体察到的，不是人情冷暖而是道德法则。君子口中常说的，不是人伦秩序，而是世间教化。君子一贯奉行的，不是一般的道德规矩而是社会道德的准则。

【原文】

休诿罪于气化，一切责之人事；
休过望于世间，一切求之我身。

【译文】

不要把过错推给运气，一切都应责怪人本身的行事；不要对社会和他人抱有过高的奢望，一切都要靠自己努力。

【原文】

自责之外，无胜人之术；
自强之外，无上人之术。

【译文】

除了严于自责之外，再没有别的能胜过他人的好方法；除了自强不息之外，再没有别的能超过他人的好方法。

【原文】

书有未曾经我读，事无不可对人言。

【译文】

书籍有我不曾阅读过的，但没有不能告诉别人的事。

【原文】

闺门之事可传，而后知君子之家法矣；
近习之人起敬，而后知君子之身法矣。

【译文】

家中的事情没有不可外传的，而后人们才了解君子的治家之法如何端正严厉；师从君子的弟子，都对君子肃然起敬，由此人们才明白，君子的修身之法是多么真实有效。

【原文】

门内罕闻嬉笑怒骂，其家范可知；
座右遍书名论格言，其志趣可想。

【译文】

门庭内很少听到嬉笑怒骂声，可知这户人家的家规有多严厉；在座位的右侧写满了格言名句，可想此人的志趣有多高雅。

【原文】

慎言动于妻子仆隶之间，
检身心于食息起居之际。

【译文】

即使与妻室儿女、仆人相处时，言谈举止都应谨慎；在日常饮食起居的小事上，都应检视自己的身心修养。

【原文】

语言间尽可积德，妻子间亦是修身。

【译文】

即使与人聊天这样的小事，也完全可以积德；即使与妻子、儿女相处，也是修身养性的好机会。

【原文】

昼验之妻子，以观其行之笃与否也；
夜考之梦寐，以卜其志之定与否也。

【译文】

君子修德，白天通过对其妻子儿女的观察，来验证他的言行忠诚与否；夜晚利用睡梦考察来分析他的志向远大坚定与否。

【原文】

欲理会七尺，先理会方寸；
欲理会六合，先理会一腔。

【译文】

要了解一个人，先了解他内心；
要了解全天下，先了解你自身。

【原文】

世人以七尺为性命，君子以性命为七尺。

【译文】

一般的人都把自己的身躯作为性命，但君子却把万物的性命作为自己的身躯。

【原文】

气象要高旷，不可疏狂；
心思要缜密，不可琐屑；
趣味要冲淡，不可枯寂；
操守要严明，不可激烈。

【译文】

气度要高远宽阔，但不能疏忽狂妄；心思要谨慎周密，但不能流于琐屑；趣味要清净淡雅，但不能枯燥无味；操守要严肃公正，但不能过于激烈。

【原文】

聪明者戒太察，刚强者戒太暴，

温良者戒无断。

【译文】

聪明的人切忌过于精明，刚强的人切忌性情过于粗暴，温和善良的人切忌优柔寡断。

【原文】

勿施小惠伤大体，毋借公道遂私情。
以情恕人，以理律己。

【译文】

不要做施小恩惠而伤害大局的事，也不要做假公济私的事。以人之常情来宽恕别人，以依据事理来约束自己。

【原文】

以恕己之心恕人，则全交；
以责人之心责己，则寡过。

【译文】

以宽恕自己的心来宽恕别人，那么朋友就会增多；
以责备别人的心来责备自己，那么过错就会减少。

【原文】

力有所不能，圣人不以无可奈何者责人；
心有所当尽，圣人不以无可奈何者自诿。

【译文】

人的能力确有办不到的事，圣人不会因为无能为力的缘故，去责备他人；应尽心尽力而没有把事办成，圣人不会以无能为力为借口，推卸自己应负的责任。

**【原文】**

**众恶必察，众好必察，易；**
**自恶必察，自好必察，难。**

**【译文】**

众人的恶行必得查明，众人的善行必须弄清，这都容易；查明自己的恶行，弄清自己的善行，这就难了。

**【原文】**

**见人不是，诸恶之根；见己不是，万善之门。**

**【译文】**

只看到别人的缺点、错误，这是各种恶行产生的根源；能看到自己的缺点、错误，这是为善积德的开始。

**【原文】**

**不为过三字，昧却多少良心；**
**没奈何三字，抹去多少体面。**

**【译文】**

每当作恶时，往往拿“不为过”三个字为自己开脱，因而使多少人违背良心，干尽坏事；每当为善时，常常以“无可奈何”加以推托，从而使多少人失去体面，有力不尽。

**【原文】**

**品诣常看胜如我者，则愧耻自增；**

享用常看不如我者，则怨尤自泯。

【译文】

在品德修养方面，常常与那些胜过自己的人比较，羞耻之心就会油然而生；在物质享受方面，常常与那些不如自己的人比较，怨愤之情自然就会消失。

【原文】

家坐无聊，亦念食力担夫红尘赤日；
官阶不达，尚有高才秀士白首青衿。

【译文】

家中闲坐无聊，可想想那些在烈日灰尘中卖苦力的挑夫；官位不显达，不妨想想还有许多才学出众的读书人，他们白了头还是平头百姓。

【原文】

将啼饥者比，则得饱自乐。
将号寒者比，则得暖自乐。
将劳役者比，则优闲自乐。
将疾病者比，则康健自乐。
将祸患者比，则平安自乐。
将死亡者比，则生存自乐。

【译文】

与那些叫喊饥饿的人相比，那么吃饱了自然快乐。与那些叫喊寒冷的人相比，那么穿暖了自然快乐。与那些服劳役的人相比，那么悠闲无事自然快乐。与那些患疾病的人相比，那么身体健康自然快乐。与那些遇祸患的人相比，那么平安无事自然快乐。与那些已死亡的人相比，那么仍然活着自然快乐。

【原文】

常思终天抱恨，自不得不尽孝心。
常思度日艰难，自不得不节费用。
常思人命脆薄，自不得不惜精神。
常思世态炎凉，自不得不奋志气。
常思法网难漏，自不得不戒非为。
常思身命易倾，自不得不忍气性。

【译文】

常想到因父母去世尚未尽孝会抱恨终生，自然就会对父母尽孝心。常想到度日的艰难，自然就会节省费用。常想到生命的脆弱，自然就会爱惜精气神。常想到世态的炎凉，自然就会立志发奋。常想到法网难逃，自然就会戒除恶行。常想到生命容易丧失，自然就会忍气耐性。

【原文】

以媚字奉亲，以淡字交友，
以苟字省费，以拙字免劳，
以聋字止谤，以盲字远色，
以吝字防口，以病字医淫，
以贪字读书，以疑字穷理，
以刻字责己，以迂字守礼，
以恒字立志，以傲字植骨，
以痴字救贫，以空字解忧，
以弱字御侮，以悔字改过，

以懒字抑奔竞风，以惰字屏尘俗事。

【译文】

以近于讨好的心理来奉养双亲，以平淡之心交友，以得过且过之心节省花费，以拙朴免去辛劳，以装聋的办法消除诽谤，以装瞎的办法远离美色，以吝惜口舌的心理防止多言，以怕生病的心理来医治享乐无度，以不满足的心理来读书，以质疑的态度追究真理，以近于苛刻的态度来严格要求自己，以近于迂腐的态度来坚守礼仪，以持之以恒来立志，以高傲不屈来树立风骨，以近于痴迷的程度来救贫，以万事皆空来解除忧愁，以柔弱来抵御欺辱，以悔悟之心改正过错，以懒惰压制对名利的奔竞之风，以懒惰隔除凡人俗事。

【原文】

对失意人，莫谈得意事；
处得意日，莫忘失意时。

【译文】

在失意人面前，切莫讲自己得意的事；当自己处于得意的时候，千万不要忘记自己曾经失意的日子。

【原文】

贫贱是苦境，能善处者自乐；
富贵是乐境，不善处者更苦。

【译文】

贫贱虽然是苦难的境遇，但善于正确对待它的人，仍能安贫乐道、自得其乐；富贵虽然是快乐的境遇，但不善于正确对待它的人，反而会有比普通人更多的痛苦。

【原文】

恩里由来生害，故快意时须早回头；
败后或反成功，故拂心处莫便放手。

【译文】

恩宠往往是产生祸害的根源，因此人得意时，要赶快回头，激流勇退；失败之后或许反而会获得成功，所以不顺心的时候，不要就此放手，要坚持到底。

【原文】

深沉厚重，是第一等资质。
磊落豪雄，是第二等资质。
聪明才辩，是第三等资质。

【译文】

心思沉稳、敦厚持重，是第一等禀赋；光明坦荡、豪迈雄健，是第二等禀赋；聪慧明智、能言善辩，是第三等禀赋。

【原文】

上士忘名，中士立名，下士窃名。

【译文】

上等读书人忘掉名声；中等读书人树立名声；下等读书人窃取名声。

【原文】

上士闭心，中士闭口，下士闭门。

【译文】

上等读书人，思想上严格自守；中等读书人，不会胡言乱语；下等读书人,只会闭门不出。

**【原文】**

好讦人者身必危，自甘为愚，适成其保身之智；

好自夸者人多笑，自舞其智，适见其欺人之愚。

**【译文】**

喜欢攻击别人短处的人,必会危及自身,如果自己甘当愚人,那么这恰好成为他保全自身的聪明之举;喜欢自我夸耀的人，往往被人耻笑,那些自以为是,耍小聪明的人,却恰恰表现了他自欺欺人的愚蠢。

**【原文】**

闲暇出于精勤,恬适出于畏惧。

无思出于能虑,大胆出于小心。

**【译文】**

闲暇是从业精学勤中挤出来的;恬适是从敬畏恐惧中培育出来的。无需过多忧虑来自善于思考;放心大胆来自小心谨慎。

**【原文】**

平康之中,有险阴焉。

衽席之内,有鸩毒焉。

衣食之间,有祸败焉。

【译文】

平安之中，隐藏着危险。枕席之上，也许暗藏杀机。吃饭穿衣的时候，可能降下灾祸。

【原文】

居安虑危，处治思乱。

【译文】

身居和平安全的环境，要考虑到可能会出现的危险；身处太平盛世，要想到乱世可能要到来的动荡混乱。

【原文】

天下之势，以渐而成；天下之事，以积而固。

【译文】

天下的形势，都是一步步逐渐形成的；天下的事业，都是一点点积累稳固的。

【原文】

祸到休愁，也要会救；福来休喜，也要会受。

【译文】

遇到祸患不要忧愁，要设法补救；得到福禄不必欢喜，应知如何享受。

【原文】

天欲祸人，先以微福骄之；
天欲福人，先以微祸儆之。

【译文】

上天要使某个人遭遇灾祸，必先给他一点小小的好处使他自满；上天要使某个人享受福禄，必先给他一点小小的祸患使其警醒而不会犯错。

【原文】

傲慢之人骤得通显，天将重刑之也；
疏放之人艰于进取，天将曲赦之也。

【译文】

傲慢的人突然显达，那预示着上天将会严厉地惩罚他；疏漏放纵的人艰难进取，那预示着上天将要赦免他的罪过。

【原文】

小人亦有坦荡荡处，无忌惮是已；
君子亦有长戚戚处，终身之忧是已。

【译文】

小人也有坦荡大气的地方，不过因为他们无所顾忌而已；君子也有常忧戚的地方，其实因为他们终生忧国忧民而已。

【原文】

水，君子也。其性冲，其质白，其味淡。其为用也，可以浣不洁者而使洁。即沸汤者投以油，亦自分别而不相混。诚哉君子也。

油，小人也。其性滑，其质腻，其味浓。其为用也，可以污洁者而使不洁。倘滚油中投以水，必至激搏而不相容。诚哉小人也。

【译文】

水，是君子，其性冲淡，质洁白，味平淡。水的用途，是可以冲洗不洁净的东西使之变清洁。即使在沸腾的开水中放入油，它们也会自然分开，不会混合。这确实是君子的本性啊！

油，是小人，其性滑溜，质腻人，味浓郁。油的用途，是把洁净的东西污染得不干净。倘若在滚热的油中放入水，二者必然相激搏而不相容。这确实是小人的本性啊！

【原文】

凡阳必刚，刚必明，明则易知；
凡阴必柔，柔必暗，暗则难测。

【译文】

凡是阳性的事物必然刚强，刚强必定光明，光明则容易被人了解；凡是阴性的事物必然柔弱，柔弱必定阴暗，阴暗则难以预测。

【原文】

称人以颜子，无不悦者，忘其贫贱而夭；

指人以盗跖,无不怒者,忘其富贵而寿。

【译文】

称某人为颜回，没有不高兴的，他们只注意颜回品行高尚而忘记了他既贫贱又短命的不幸；指某人为盗跖，没有不发怒的，他们只注意盗跖为非作歹而忽略了既富贵又长寿的境遇。

【原文】

事事难上难,举足常虞失坠；
件件想一想,浑身都是过差。

【译文】

每件事都要办好有其难处,所以每行动一步都要考虑可能到来的失败；对自己做的每件事都要想一想，结果发现浑身上下都有处理不当的可能。

【原文】

怒宜实力消融,过要细心检点。

【译文】

有怒气要尽力消除;有过错要仔细检查改正。

【原文】

探理宜柔,优游涵泳,始可以自得；
决欲宜刚,勇猛奋迅,始可以自新。

【译文】

探索事理、方法要缓慢,从容求索,深入体会才能有所心得；禁决欲望要刚强，勇猛迅速才能改过自新。

【原文】

惩忿窒欲，其象为损，得力在一忍字；
迁善改过，其象为益，得力在一悔字。

【译文】

克制愤怒，抑制欲望，其卦象为“损”，关键要在“忍”字上下工夫；改过而向善，其卦象为“益”，关键要在“悔”字上下工夫。

【原文】

富贵如传舍，惟谨慎可得久居；
贫贱如敝衣，惟勤俭可以脱卸。

【译文】

富贵如旅店，只有谨慎守财，才能住得长久；贫贱如破衣裳，只有勤劳节俭才能把它脱掉。

【原文】

俭则约，约则百善俱兴；
侈则肆，肆则百恶俱纵。

【译文】

生活勤俭了，对自己就有约束，有了约束那么各种好事就会盛行；生活奢侈了就会放肆，放肆了那么各种坏事就会泛滥。

【原文】

奢者富不足，俭者贫有余；

奢者心常贫，俭者心常富。

【译文】

奢侈的人，即使富有，因为大手大脚，也常感钱不够用；节俭的人，虽然贫穷，由于细水长流，钱物也还有结余。奢侈者心底里常常觉得自己贫困；节俭者心底里常常觉得自己富有。

【原文】

贪饕以招辱，不若俭而守廉。
干请以犯义，不若俭而全节。
侵牟以聚怨，不若俭而养心。
放肆以遂欲，不若俭而安性。

【译文】

因贪心而招来侮辱，不如节俭而守住廉洁。因跑官而损害道义，不如勤俭生活而保全节操。因侵害掠夺而积怨，不如节俭而修养心性。因放肆而纵欲，不如勤俭而安定性情。

【原文】

静坐，然后知平日之气浮。
守默，然后知平日之言躁。
省事，然后知平日之心忙。
闭户，然后知平日之交滥。
寡欲，然后知平日之病多。
近情，然后知平日之念刻。

【译文】

静坐下来后，才知道平日的心气浮躁。保持沉默后，才知道平日的言语急躁。自我反省后，才知道平日内心太忙乱。闭门谢客后，才知平日的交友太滥。减少欲念后，才知道平日不约束而导致的病痛很多。接近情理后，才知道平日待人处事之刻薄。

**【原文】**

无病之身，不知其乐也，病生始知无病之乐；
无事之家，不知其福也，事至始知无事之福。

**【译文】**

身体健康的人，感受不到身体健康的快乐，到了生病的时候，才感受到健康的快乐；平安无事的家庭，体会不到家庭平安多么幸福，到出事时，才体会到平安之幸福。

**【原文】**

欲心正炽时，一念著病，兴似寒冰；
利心正炽时，一想到死，味同嚼蜡。

**【译文】**

纵欲之心正炽热时，一想到会招致疾病，兴致顿时如冰凌一样寒冷；逐利之心正浓烈时，一想到将来总会一死，利欲就会如同嚼蜡般无味。

**【原文】**

有一乐境界，即有一不乐者相对待；
有一好光景，便有一不好底相乘除。

**【译文】**

有一个快乐的境况出现，就有一个不快乐的境况与之相对立；

有一段美好的时光出现，就立即有一段不美好的日子与之相抵消。

【原文】

事不可做尽，言不可道尽，
势不可倚尽，福不可享尽。

【译文】

做事不可做尽做绝，说话不可说尽说绝，权势不可过分倚仗，福分不可享用殆尽。

【原文】

不可吃尽，不可穿尽，不可说尽；
又要懂得，又要做得，又要耐得。

【译文】

生活上，不可吃完，不可穿完，说话时要留有余地；处事上，又要懂得，又要做得，遇到不顺心的事要能忍耐。

【原文】

难消之味休食，难得之物休蓄，
难酬之恩休受，难久之友休交，
难再之时休失，难守之财休积，
难雪之谤休辩，难释之忿休较。

【译文】

难消化的食物不要吃，难以得到的宝物不要收藏，难以报答的恩惠不要接受，难以久处的朋友不要结交，难得再有的时机不要错过，难得守住的财物不要积贮，难以消除的毁谤不要辩白，难以释怀的愤恨不要计较。

【原文】

饭休不嚼便咽，路休不看便走，
话休不想便说，事休不想便做，
衣休不慎便脱，财休不审便取，
气休不忍便动，友休不择便交。

【译文】

吃饭不要不嚼就吞下，走路不要没看清就乱走，说话不要没想好就乱说，做事不要没想好就随便做，衣服不要不慎重随便乱脱，钱财不能不加思考就拿，脾气不可不忍就乱发，朋友不能不选择就交往。

【原文】

为善如负重登山，志虽已确，而力犹恐不及；
为恶如乘骏走坂，鞭虽不加，而足不禁其前。

【译文】

做好事就像背着重物登山，志向虽已确立，但仍担心力不从心；做坏事就像骑马下坡，虽然没有加鞭，但马蹄还是止不住向前。

【原文】

防欲如挽逆水之舟，才歇手，便下流；
为善如缘无枝之树，才住脚，便下坠。

【译文】

慎防欲念就像牵拉逆水而上的船，刚停下来，就向后退；做好事就像攀爬没有枝干的树，刚停下来，就向下滑。

**【原文】**

胆欲大，心欲小，智欲圆，行欲方。

**【译文】**

胆识要大，心思要细，智慧要圆全，品行要方正。

**【原文】**

真圣贤，绝非迂腐；真豪杰，断不粗疏。

**【译文】**

真正的圣贤，绝不是迂腐的人；真正的豪杰，绝不是粗鲁疏略的人。

**【原文】**

龙吟虎啸，凤翥鸾翔，大丈夫之气象；
蚕茧蛛丝，蚁封蚓结，儿女子之经营。

**【译文】**

如龙吟虎啸、凤鸾翱翔才是大丈夫的气概；像蚕作茧、蜘蛛吐丝、蚂蚁封巢、蚯蚓纠结一般，是妇孺之辈的谋划经营。

**【原文】**

格格不吐，刺刺不休，
总是一般语病，请以莺歌燕语疗之；
恋恋不舍，忽忽若忘，
各有一种情痴，当以鸢飞鱼跃化之。

**【译文】**

吞吞吐吐，喋喋不休都是平常人说话的病态，请以莺歌燕语等动听之音来治疗；恋恋不舍，恍惚若有所忘，都是为情痴迷的症候，要以

鹰飞鱼跃的开阔气度化解。

【原文】

问消息于蓍龟，疑团空结；
祈福祉于奥灶，奢想徒劳。

【译文】

用蓍草和乌龟占卜来了解吉凶，疑团仍旧存在；向奥神和灶神祈求福祉，不过是奢望，也是徒劳无用。

【原文】

谦，美德也，过谦者怀诈；
默，懿行也，过默者藏奸。

【译文】

谦虚是美德，但过于谦虚的人可能胸怀诡诈；缄默是美好的品行，但过于沉默的人则可能胸藏奸伪。

【原文】

直不犯祸，和不害义。

【译文】

正直不会遭遇祸患，谦和不会损害道义。

【原文】

圆融者无诡随之态，精细者无苛察之心，
方正者无乖拂之失，沉默者无阴险之术，
诚笃者无椎鲁之累，光明者无浅露之病，
劲直者无径情之偏，执持者无拘泥之迹，
敏练者无轻浮之状。

【译文】

圆融随和的人没有不顾是非而妄随人意的神态，精明细心的人没有烦琐苛刻的想法，行为方正的人没有与他人格格不入的乖张行为，沉默的人没有阴险的心术，诚实笃信的人没有愚钝的牵累，光明正大的人没有肤浅的毛病，刚直的人没有任性的偏失，有操守的人没有拘泥的做法，干练的人没有轻浮的样子。

【原文】

才不足则多谋，识不足则多事，
威不足则多怒，信不足则多言，
勇不足则多劳，明不足则多察，
理不足则多辩，情不足则多仪。

【译文】

才能不够的人爱出谋划策，见识不足的人好生事端，威仪不足的人好发脾气，信誉不足的人爱多说话，勇气不足的人多辛劳，精明不够的人多关注于小事情，理由不足的人多辩解，情义不够的人礼仪多。

【原文】

私恩煦感，仁之贼也。
直往轻担，义之贼也。
足恭伪态，礼之贼也。
苛察歧疑，智之贼也。
苟约固守，信之贼也。

【译文】

私人施舍的恩惠使人感到温暖，是对仁的危害。轻率从事而不担责任，是对义的危害。过度恭敬、神态虚伪，是对礼节的危害。以烦琐苛刻为明察且内心多疑，是对智的危害。随便与人立约使要求固守，是对信的危害。

【原文】

有杀之为仁，生之为不仁者。
有取之为义，与之为不义者。
有卑之为礼，尊之为非礼者。
有不知为智，知之为不智者。
有违言为信，践言为非信者。

【译文】

有杀一个人为仁，使他活着反而不仁的情况。有夺取他的财物为义，给予他财物反而不义的情况。有以卑贱的方式对待他合乎礼节，尊敬他反而不合礼的情况。有对他而言，不知道为聪明，知道反而不聪明的情况。有违背诺言为诚信，实践诺言反而不诚信的情况。

【原文】

愚忠愚孝，实能维天地纲常，

惜不遇圣人裁成，未尝入室；
大诈大奸，偏会建世间功业，
倘非有英主驾驭，终必跳梁。

**【译文】**

愚忠愚孝的人，确实能维系天地间的伦理秩序，可惜没遇到圣人的栽培，不能进一步上升到更高的境界；大诈大奸的人，偏能建立世间伟大功业，假如没有英明君主的领导，最终会成为跳梁小丑。

**【原文】**

知其不可为而遂委心任之者，达人智士之见也；
知其不可为而亦竭力图之者，忠臣孝子之心也。

**【译文】**

知道事情做不成便放下心来顺其自然，这是通达智慧之人的高见；知道事情做不成而竭尽全力去做，这是忠臣与孝子之心的表现。

**【原文】**

小人只怕他有才，有才以济之，流害无穷；
君子只怕他无才，无才以行之，虽贤何补。

**【译文】**

小人就怕有才能，因为他的才能会帮助他干坏事，将贻害无穷；君子就怕没才能，想要有作为却没有才能，虽然有贤德，又有何用途。

# 养生类

一个人幸福与否，往往受六种因素的制约：财富、家庭、事业、健康、闲暇、平安。而其中最重要的因素是健康，没有健康一切将会成为空中楼阁。联合国卫生组织曾这样定义健康：健康不仅仅是指躯体上没有疾病，还应当包括心理和社会适应能力等方面的健全与最佳状态。其实，我国古代人民，早就认识到了身心健康的重要性，并懂得身体与心理之间的辩证关系。本篇格言既提供了养身与养心的具体方法，还阐明了心性与身体、道德、命运之间的关系。只要我们牢记和实践这些养生之道，定能成为健康而有福德的人。

**【原文】**

慎风寒，节饮食，是从吾身上却病法；
寡嗜欲，戒烦恼，是从吾心上却病法。

**【译文】**

小心冷风寒气，节制饮食，是从自己的身体上免除疾病的方法；减少嗜好欲念，戒除烦恼，是从自己的心理上免除疾病的方法。

**【原文】**

少思虑以养心气，寡色欲以养肾气，
勿妄动以养骨气，戒嗔怒以养肝气，
薄滋味以养胃气，省言语以养神气，

多读书以养胆气，顺时令以养元气。

【译文】

减少思虑来保护滋养心气，减少性欲来保护滋养肾气，不要轻举妄动来保护滋养骨气，戒除恼怒来保护滋养肝气，饮食清淡来保护滋养胃气，少说闲话来保护滋养神气，饱读诗书来保护滋养胆气，顺应时令来保护滋养元气。

【原文】

忧愁则气结，忿怒则气逆，恐惧则气陷，拘迫则气郁，急遽则气耗。

【译文】

忧愁就会心气滞结不畅，愤怒就会心气横逆不顺，恐惧就会神志消沉，压抑就会心情郁闷，急躁浮躁就会精神损耗。

【原文】

行欲徐而稳，立欲定而恭，坐欲端而正，声欲低而和。

【译文】

走路应缓慢而稳重；站立应端直而恭敬；坐姿应端庄而方正；说话应低沉而温和。

【原文】

心神欲静，骨力欲动。
胸怀欲开，筋骸欲硬。
脊梁欲直，肠胃欲净。

舌端欲卷，脚跟欲定。
耳目欲清，精魂欲正。

【译文】

心神应保持平静，身体应经常活动。胸怀应保持开阔，筋骨应保持硬朗。脊梁应保持挺直，肠胃应保持洁净。舌端要保持卷曲，少说为佳；脚跟一定要站稳，立场坚定；耳目要保持清明，心思应当正直。

【原文】

多静坐以收心，寡酒色以清心，去嗜欲以养心，玩古训以警心，悟至理以明心。

【译文】

经常静坐思考以收敛心神，减少饮酒色欲来使内心清静，摒除嗜好欲望修养心神，体味古训来使内心警惕，感悟至理名言使心思清明纯正。

【原文】

宠辱不惊，肝木自宁。
动静以敬，心火自定。
饮食有节，脾土不泄。

调息寡言，肺金自全。
恬淡寡欲，肾水自足。

【译文】

不以得失而动心那么肝气自然宁静。无论动静都慎重，那么内心自然安定。饮食有节制，那么脾脏就不会受损。调节呼吸少言语，那么肺气自然得到保全。淡薄少欲，那么肾气自然充足。

【原文】

道生于安静，德生于卑退，
福生于清俭，命生于和畅。

【译文】

道理在安静平和中领悟，德行在谦卑退让中养成，福分在清贫节俭中积累，生命在平和顺畅中保全。

【原文】

天地不可一日无和气，
人心不可一日无喜神。

【译文】

天地不能一天没有祥和之气，人心不能一天没有欢喜之情。

【原文】

拙字可以寡过，缓字可以免悔，退字可以远祸，苟字可以养福，静字可以益寿。

【译文】

拙朴可使人少犯过错，性缓可使人免除后悔，退让可使人远离灾祸，苟且可使人滋养福气，安静可使人延年益寿。

【原文】

毋以妄心戕真心，勿以客气伤元气。

【译文】

不要以虚妄的心去伤害自己纯真的本心，不要让外在的邪气伤害身体的正气。

【原文】

拂意处要遣得过，清苦日要守得过，非礼来要受得过，忿怒时要耐得过，嗜欲生要忍得过。

【译文】

遇到不如意的事要能排遣，遇到清苦的日子要守得住，遇到无理之事要能经受得起，愤怒时要忍耐得住，欲望产生后要能克制得住。

【原文】

言语知节，则愆尤少。
举动知节，则悔吝少。
爱慕知节，则营求少。
欢乐知节，则祸败少。
饮食知节，则疾病少。

【译文】

说话有分寸则过错少。行为有节制则悔恨少。爱慕有节制则谋求少。欢乐有节制则祸患少。饮食有节制则疾病少。

【原文】

人知言语足以彰吾德，
而不知慎言语乃所以养吾德；
人知饮食足以益吾身，
而不知节饮食乃所以养吾身。

【译文】

人们都知道言语能彰显自己的德行，而不懂得言语谨慎才是对自己德行的修养；人们都知道饮食足以用来滋养自己的身体，而不懂得节制饮食才是对自己身体的养护。

【原文】

闹时炼心，静时养心，坐时守心，
行时验心，言时省心，动时制心。

【译文】

热闹时锻炼心性，安静时调养心性，静坐时守住心性，行动时可以考验心性，说话时反省心性，活动时约束心性。

【原文】

荣枯倚伏，寸田自开惠逆，何须历问塞翁；
修短参差，四体自造彭殇，似难专咎司命！

【译文】

盛衰祸福都是相互依存又相互转化的，顺逆祸福一切由自己把握，何必每次询问别人；寿命的长短，身体的好坏，一切都由自己身体决定的，似乎不能专怪上天！

【原文】

节欲以驱二竖，修身以屈三彭，
安贫以听五鬼，息机以弭六贼。

【译文】

节制欲念，来祛除疾病，修养身心来消除过失，安贫乐道顺其自然，慎动心机、平息欲望来消灭烦恼。

【原文】

衰后罪孽，都是盛时作的；
老来疾病，都是壮年招的。

【译文】

衰败后的苦难，都是因兴盛时不知节制而造成的；人老后的疾病，都因年轻时不知爱惜身体而落下的。

**【原文】**

败德之事非一，而酗酒者德必败；
伤生之事非一，而好色者生必伤。

**【译文】**

败坏德行的事不只一种，而酗酒之人的德行必定败坏德；伤害身体的事不只一种，而好色之人的身体必然受到伤害。

**【原文】**

木有根则荣，根坏则枯。
鱼有水则活，水涸则死。
灯有膏则明，膏尽则灭。
人有真精，保之则寿，戕之则夭。

**【译文】**

树木有根才会繁茂，根坏死则树木就会枯萎。鱼有水才能存活，水干涸了，鱼定会死。灯有油才会明亮，油尽则灯灭。人有真元气，保护它就能长寿，戕害它就必早亡。

# 敦品类

人最重要的是品格，品格是人的灵魂。然而，只有历经磨难方显英雄本色。良好的品行必须从小时候，从日常事务中加以培养。由于君子和小人的人生观截然不同，其待人处事的态度和方法亦不同。君子器重的是功名气节，小人炫耀的是富贵荣华，所以君子对上级忠诚，对下级谦和；小人待上级谄媚，待下级傲怠；君子对待子孙以培养其心性为主，小人对待子孙则注重为其创造物质财富；君子对待钱财淡然处之，小人对待钱财不择手段；君子责己严待人宽，小人对己宽责人严。本篇着重描述君子和小人不同的人品，劝解读书人努力塑造自己高洁的品格。

**【原文】**

欲做精金美玉的人品，定从烈火中锻来；
思立揭地掀天的事功，须向薄冰上履过。

**【译文】**

想要有高贵纯洁的人品，一定要在烈火般艰苦的斗争中锤炼；要想建立惊天动地的功业，必须敢于在如履薄冰般艰险的环境中前行。

**【原文】**

人以品为重，若有一点卑污之心，
便非顶天立地汉子；

品以行为主，若有一件愧怍之事，
即非泰山北斗品格。

【译文】

人，最重要的是品格，如有一点卑鄙肮脏的思想，便称不上顶天立地的男子汉；品格，又以行为为主，若做了一件让自己感到惭愧的事，便称不上泰山北斗般的品格。

【原文】

人争求荣乎，就其求之之时，已极人间之辱；
人争恃宠乎，就其恃之之时，已极人间之贱。

【译文】

世人不是都在追求荣华富贵吗？就在他们追求荣华富贵的时候，已经受尽人间的奇耻大辱了；世人不是在追求地位高的人对自己的宠爱吗？就在他们倚仗这种宠爱的时候，他们已沦落到人间最卑贱的地步了。

【原文】

丈夫之高华，只在于功名气节；
鄙夫之炫耀，但求诸服饰起居。

【译文】

大丈夫的高贵显要，只在于求取功名、保全气节之类的大事；庸俗浅薄之人所引以为豪的，不过是些服饰华丽、吃住奢侈的鄙俗之事。

【原文】

阿谀取容，男子耻为妾妇之道；
本真不凿，大人不失赤子之心。

【译文】

阿谀逢迎讨得别人欢心，男子汉不屑干这些小女人邀宠的勾当；纯真朴拙不矫揉造作，大丈夫仍保留着纯洁善良的心地。

【原文】

君子之事上也，必忠以敬，其接下也，必谦以和；

小人之事上也，必谄以媚，其待下也，必傲以忽。

【译文】

君子对待比自己地位高的，必定是忠诚恭敬的，对待比自己地位低的，必定是谦虚随和的；小人对待比自己地位高的，一定是奉承巴结的，对待比自己地位低的，必定是傲慢轻忽的。

【原文】

立朝不是好舍人，自居家不是好处士。

平素不是好处士，由小时不是好学生。

【译文】

在朝廷不是好官，在家时就不是个有才德的人。平时不是有才德的人，从小就不是个好学生。

【原文】

做秀才如处子，要怕人。

既入仕如媳妇，要养人。

归林下如阿婆，要教人。

【译文】

尚未做官的读书人，应该像未出阁的少女一样小心谨慎地对待别人；已经做官了，就应该像已过门的媳妇一样，能保养一方百姓；年老辞官后，就应该像慈祥的婆婆一样，担负起教育下一代的责任。

【原文】

贫贱时，眼中不著富贵，他日得志必不骄；
富贵时，意中不忘贫贱，一旦退休必不怨。

【译文】

贫贱时，心中不羡慕富贵，将来得志了一定不会骄横；富贵时，心中不忘贫贱之日，一旦离开官位也不会心生怨恨。

【原文】

贵人之前莫言贱，彼将谓我求其荐；
富人之前莫言贫，彼将谓我求其怜。

【译文】

在地位高贵的人面前，千万不要说自己卑贱的话，否则他会以为我请求他的推荐；在有钱人面前，千万不要说自己贫贱的话，否则他会以为我在乞求他的怜悯。

【原文】

小人专望人恩，恩过辄忘；
君子不轻受人恩，受则必报。

【译文】

小人总是指望别人能给自己好处，好处一到手就忘记了；君子不轻易接受别人的恩惠，一旦接受了，就一定会回报。

【原文】

处众以和，贵有强毅不可夺之力；
持己以正，贵有圆通不可拘之权。

【译文】

与大家相处要态度平和，贵在有坚持立场原则的刚强毅力；修身要端正严格，贵在处事圆融通达，不拘泥于原则的变通。

【原文】

使人有面前之誉，不若使人无背后之毁；
使人有乍处之欢，不若使人无久处之厌。

【译文】

使他人得到当面的赞扬，不如使他人没有背后的坏话；使他人刚开始相处时获得短暂的快乐，不如与人长久相处而不使对方讨厌。

【原文】

媚若九尾狐，巧如百舌鸟，
哀哉修此七尺之躯；

暴同三足虎，毒比两头蛇，
惜乎坏尔方寸之地！

【译文】

像九尾狐一样讨好谄媚，像百舌鸟一样巧言令色，可悲啊，堂堂男儿竟有如此行径！像三足虎一样残暴，像两头蛇一样恶毒，可惜啊，你的心地竟变得如此之坏！

【原文】

到处伛偻，笑伊首何仇于天？何亲于地？
终朝筹算，问尔心何轻于命？何重于财？

【译文】

到处点头哈腰逢迎他人，可笑他的头和天有仇吗？和地有亲吗？成天筹谋盘算，问你的心中为什么这样轻视生命？为何这样重视钱财？

【原文】

富儿因求宦倾资，污吏以黩货失职。

【译文】

富家子弟为求取官职而倾家荡产，贪官污吏因为贪污财物而丢掉官职。

【原文】

亲兄弟析箸，璧合翻作瓜分；
士大夫爱钱，书香化为铜臭。

【译文】

亲兄弟分家，曾经美好和睦的家庭像瓜一样被切开平分；士大夫爱钱，读书风气却沦为追逐钱财的铜臭味。

【原文】

士大夫当为子孙造福，不当为子孙求福。
谨家规，崇俭朴，教耕读，积阴德，此造福也。
广田宅，结姻援，争什一，鬻功名，此求福也。
造福者淡而长，求福者浓而短。

【译文】

士大夫要为子孙营造福祉而不是祈求福祉。严谨家规，崇尚俭朴，教导耕田读书之事，积累阴德，这就是营造福祉。广置土地房屋，与权贵缔结姻亲关系，争取利益，买卖功名，这就是求福祉。营造福祉的做法，平淡而长久；祈求福祉的做法，忙碌却短暂。

【原文】

士大夫当为此生惜名，不当为此生市名。
敦诗书，尚气节，慎取与，谨威仪，此惜名也。
竞标榜，邀权贵，务矫激，习模棱，此市名也。
惜名者，静而休；市名者，躁而拙。
士大夫当为一家用财，不当为一家伤财。
济宗党，广束脩，救荒歉，助义举，此用财也。
靡苑囿，教歌舞，奢燕会，聚宝玩，此伤财也。
用财者，损而盈；伤财者，满而覆。

【译文】

士大夫要为自己的这一生爱惜名声，不应为这一生求取名声。重视诗书，崇尚气节，谨慎取予，严肃仪表，这就是爱惜名声。相互竞争标榜，攀附权贵，务求标新立异，是非不分，这就是求取名誉。爱惜名声的人清静而有福；求取名声的人急躁而拙劣。

士大夫要为自己家里合理使用钱财，而不应该浪费钱财。救济宗族乡亲，广施教化，赈济荒年歉收的百姓，扶助善行，这就叫合理使用钱财。而花钱布置合理使园林，教习歌舞，大宴宾客，积聚宝物，这就叫浪费钱财。合理使用钱财的人，虽花钱但收获丰盈；浪费钱财的人，虽积聚多但终将会挥霍干净。

**【原文】**

士大夫当为天下养身，不当为天下惜身。
省嗜欲，减思虑，戒忿怒，节饮食，此养身也。
规利害，避劳怨，营窟宅，守妻子，此惜身也。
养身者，啬而大；惜身者，膻而细。

**【译文】**

士大夫应当为天下人保养身体，不应当为天下人而爱惜生命。减少嗜好与欲望，减少思虑，戒除愤怒，节制饮食，这就是保养身体。计较得失，避开劳苦和怨恨，营造私宅，以妻室儿女为重，这就是珍惜生命。养身的人节俭而大度；惜身的人，庸俗而小气。

# 处事类

人生在世，要面对各种各样的事务。有难事、易事；有急事、缓事；有大事、小事；有家事、国事；有自己的事、别人的事；有过去的事、当前的事、将来的事；有已败之事、垂成之事……事有多有少。对于不同的事，应采取不同的处理方法，但其共同遵守的原则就是，要做到合理公正，还要做到忠诚、勤奋、有耐心。处理事情首先应抓主要方面，先考虑事情的不利因素，再考虑有利因素。事情的成功与否，有天命，但主要在人为。善处事的人，能消除将要发生的祸事，能挽救垂败之事，能预料未来之事，对于已成之事，能知其变化，做事能有始有终。

**【原文】**

处难处之事愈宜宽；处难处之人愈宜厚；
处至急之事愈宜缓；处至大之事愈宜平；
处疑难之际愈宜无意。

**【译文】**

越是处理难办的事情，越是应该宽缓；对待难以相处的人，更加应该宽厚；处理非常紧急的事情，更加应该从容；处理至关重大的事情，更加应该平和；处于疑惑难以处理的时候，更加应该心中坦然，不存在个人偏见。

**【原文】**

无事时，常照管此心，兢兢然若有事；有事

时，却放下此心，坦坦然若无事。

无事如有事，提防才可弭意外之变；有事如无事，镇定方可消局中之危。

【译文】

没事的时候，常要照料管理自己的内心，好像有事时一样小心谨慎；有事的时候，却要把心放松，好像无事时一般泰然自若。没事时能像有事一样提防，才可以平定意想不到的变故；有事时能像无事时一样镇定，才能消除事件过程中的危机。

【原文】

当平常之日，应小事宜以应大事之心应之。盖天理无小，即目前观之，便有一个邪正，不可忽慢苟简，须审理之邪正以应之方可。

及变故之来，处大事宜以处小事之心处之。盖人事虽大，自天理观之，只有一个是非，不可惊惶失措，但凭理之是非以处之便得。

【译文】

在平安无事的日子里，应付小事应当用应付大事的态度去应付。

因为天地间的道理不分大小，就从眼前来看，便有一个邪恶和正当的界限，不能疏忽怠慢，苟且敷衍，必须察明事理的邪正而后才可以开始处理。等到意外事故发生的时候，应付大的事情应当用应付小事的心态去处理。因为人世间的事情虽然很大，但从道理来看，只有一个正确与错误的区别，不可惊慌失措，只管根据道理的正确和错误去处理就行了。

**【原文】**

缓事宜急干，敏则有功；
急事宜缓办，忙则多错。

**【译文】**

对于可以缓办的事情，适宜急速解决，因为迅速去做往往可以立见功效；对于紧急的事情，应当有条不紊地去做，因为急躁忙乱，往往会错漏百出。

**【原文】**

不自反者，看不出一身病痛；
不耐烦者，做不成一件事业。

**【译文】**

不善于自我反省的人，看不到自己的一身毛病；没有耐心忍受麻烦的人，做不成一件大事。

**【原文】**

日日行，不怕千万里；
常常做，不怕千万事。

**【译文】**

只要每天都向前走，不怕到不了千万里远；只要经常不停地做，不怕做不成千万件事。

**【原文】**

必有容，德乃大；必有忍，事乃济。

**【译文】**

必须有容人的度量，才会有高尚的品德；必须有忍耐的心性，才能成就伟大的事业。

**【原文】**

过去事，丢得一节是一节；
现在事，了得一节是一节；
未来事，省得一节是一节。

**【译文】**

过去的事，忘记一件是一件，不要老是搁在心里；手头的事，做完一件是一件，不要总是拖拖拉拉；将来的事，能少一件是一件，不要总是没事找事。

**【原文】**

强不知以为知，此乃大愚；
本无事而生事，是谓薄福。

**【译文】**

硬要不懂装懂，这是最愚蠢的做法；
无事而自寻烦恼，这是有福不会享。

【原文】

居处必先精勤，乃能闲暇；
凡事务求停妥，然后逍遥。

【译文】

日常生活中必须先专心勤奋，才会有闲暇时间；一切事务力求处理妥当之后，才能逍遥自在。

【原文】

天下最有受用，是一闲字，然闲字要从勤中得来；
天下最讨便宜，是一勤字，然勤字要从闲中做出。

【译文】

天下最舒服的，就是清闲，但必先勤奋然后才有清闲；天下最易得便宜的做法，就是勤奋，然而勤奋就是在平时的清闲中做出来的。

【原文】

自己做事，切须不可迂滞，不可反复，不可琐碎；

代人做事，极要耐得迂滞，耐得反复，耐得琐碎。

【译文】

自己做事，千万不可迂腐古板，不可反反复复，不可琐屑细碎；替人做事，必须要忍耐得住他人的迂腐古板，要耐得住他人的反反复复，要耐得住他人的琐屑细碎。

【原文】

谋人事如己事，而后虑之也审；

谋己事如人事，而后见之也明。

【译文】

把别人的事情当成自己的事情一样谋划，只有这样才会像当事人一样考虑得周全；像对待别人的事情一样处理自己的事情，只有这样才会如局外人一样看得清楚。

【原文】

无心者公，无我者明。

【译文】

没有成见的人，对人对事公正；没有私心的人，做人做事光明正大。

【原文】

置其身于是非之外，而后可以折是非之中；

置其身于利害之外，而后可以观利害之变。

【译文】

将自己置身于是非之外，然后才能客观地评断是非；将自己置身于利害之外，然后才能静观利害的变化。

【原文】

任事者，当置身利害之外；
建言者，当设身利害之中。

【译文】

处理事情的人，应当将自己置身于利害关系之外，提出建议的人，应当设身处地于利害之中。

【原文】

无事时，戒一偷字；
有事时，戒一乱字。

【译文】

没事的时候，要戒除偷懒的毛病；事情多的时候，要戒掉慌乱的毛病。

【原文】

将事而能弭，遇事而能救，既事而能挽，
此之谓达权，此之谓才。
未事而知来，始事而要终，定事而知变，
此之谓长虑，此之谓识。

【译文】

将要发生的事能够提前消除，遇到突发的事情能及时补救，已发生的事情能够挽回，就这叫做通晓权宜，随机应付，这才是才能。事情还未开始时就能预知将来的事，事情刚开始就能预见到其结局，已成定局的事能推知其中的变化，这就叫考虑长远，这才是见识。

**【原文】**

提得起，放得下；
算得到，做得完；
看得破，撇得开。

**【译文】**

做事既要担当得起，又要能当止则止；既要谋算得到，又要有始有终；既要看穿真相，又要能放手时就放手。

**【原文】**

救已败之事者，如驭临崖之马，休轻策一鞭；
图垂成之功者，如挽上滩之舟，莫少停一棹。

**【译文】**

挽救已经失败的事情，就像骑马时已面临万丈悬崖，切忌轻抽一鞭；谋划即将取得最后成功的时候，就像拉船上浅滩，万不能少划一桨。

**【原文】**

以真实肝胆待人，事虽未必成功，日后人必见我之肝胆；
以诈伪心肠处事，人即一时受惑，日后人必见我之心肠。

【译文】

以真情实意对待别人，事情虽然不一定成功，但过后别人定能看到我的真诚；以奸诈虚伪之心处理事情，别人即使一时受蒙蔽，但过后定能发现我的虚伪奸诈。

【原文】

天下无不可化之人，但恐诚心未至；
天下无不可为之事，只怕立志不坚。

【译文】

天下没有不可教育感化的人，只怕是感化之心未用足用够；天下没有不能办到的事，只怕志向不够坚定。

【原文】

处人不可任己意，要悉人之情；
处事不可任己见，要悉事之理。

【译文】

与人相处，不能事事都顺着自己的意愿，要先了解世俗人情；处理事情不能一味固执己见，要明白事理。

【原文】

见事贵乎明理，处事贵乎公心。

【译文】

看待事情的可贵之处在于明白事理；处理事情的可贵之处在于内心公正。

【原文】

于天理汲汲者，于人欲必淡；
于私事耽耽者，于公务必疏；
于虚文熠熠者，于本实必薄。

【译文】

对天理孜孜以求的人，在人的欲望方面就一定淡薄；沉溺于个人私事的人，处理公务就必然粗心；对空话精心修饰的人，其内心一定浅薄。

【原文】

君子当事，则小人皆为君子，
至此不为君子，真小人也；
小人当事，则中人皆为小人，
至此不为小人，真君子也。

【译文】

君子掌权管事，那么小人都会成为君子，处在这样的情况下还不成为君子，那就是真正的小人；小人弄权当道，那么普通人都会沦为小人，处在这样的情况下仍不做小人的，那就是真正的君子。

【原文】

居官先厚民风，处事先求大体。

【译文】

为官执政，首先要使民俗民风淳厚起来；处理事务，首先要能总揽全局。

【原文】

论人当节取其长，曲谅其短；
做事必先审其害，后计其利。

【译文】

评论他人，应充分肯定他的长处，掩饰谅解他的短处；处理事务，必须首先考虑它的危害，然后再计较它能带来的好处。

【原文】

小人处事，于利合者为利，于利背者为害；
君子处事，于义合者为利，于义背者为害。

【译文】

小人做事的标准是：与自己的私利相合的就是利，与自己的私利相背的就是害；君子做事的原则是：与天理道义相合的就是利，与天理道义相背的就是害。

【原文】

只人情世故熟了，甚么大事做不到？
只天理人心合了，甚么好事做不成？
只一事不留心，便有一事不得其理。

只一物不留心，便有一物不得其所。

**【译文】**

只要熟悉了人情世故，还有什么大事办不到？只要符合天理、顺应人心，还有什么好事办不成？只要对一件事不留心，就有一件事不明白其中的道理。只要对某个物品不留心，就有一个物品不能放到合适的位置。

**【原文】**

事到手，且莫急，便要缓缓想；
想得时，且莫缓，便要急急行。

**【译文】**

事情来了需要做时，暂且不要着急，而要仔细斟酌考虑；考虑好后，千万不要拖延，而要果断急速地解决。

**【原文】**

事有机缘，不先不后，刚刚凑巧；
命若蹭蹬，走来走去，步步踏空。

**【译文】**

做成一件事确实得有机缘，机缘就是不前不后，恰好凑巧赶上了。人的命运也有倒霉不顺的时候，忙来忙去，一事无成。

# 接物类

马克思指出，人的本质，在其现实性上，是一切社会关系的总和。人生在世，处在各种各样的关系网中，要和各种各样的人打交道。随着社会的发展，人际交往将越来越频繁，人际关系也将越来越复杂。我们的身边有君子、小人；有富贵者、贫贱者。怎样识别或对待这些人、怎样与他们交往相处是一门学问。国外有关学者的研究表明，如果学会与他人打交道，不论你的工作和职位是什么，那么就在通往成功的道路上走完了85%左右的行程，而在自己取得幸福上有99%的把握。本篇着重评述君子待人接物的原则与方法。

**【原文】**

**事属暧昧，要思回护他，著不得一点攻讦的念头；**

**人属寒微，要思矜礼他，著不得一毫傲睨的气象。**

**【译文】**

对于别人的隐私，要想办法回避袒护，而不要有一丁点儿攻击揭发的念头；对于贫寒低微之人，要想办法推崇礼遇，而不能有丝毫傲慢轻视的神气。

【原文】

凡一事而关人终身，纵确见实闻，不可著口；

凡一语而伤我长厚，虽闲谈酒谑，慎勿形言。

【译文】

某件事关系到别人一生的命运，即使自己亲眼所见、亲耳所闻，也不要说出口；不管什么话，只要有损于自己的敦厚品格，即使是饭后笑谈、酒后戏言，也得谨慎，不能乱说。

【原文】

严著此心以拒外诱，须如一团烈火，遇物即烧；

宽著此心以待同群，须如一片阳春，无人不暖。

【译文】

严格约束自己的心以抗拒外物的诱惑，应像一团烈火，遇到外来的污秽就焚毁；用宽厚仁爱之心来对待同伴，应像春天的阳光，无人不感到温暖。

【原文】

待己当从无过中求有过，非独进德，亦且免患；

待人当于有过中求无过，非但存厚，亦且解怨。

【译文】

对待自己应当从没有缺点中寻找缺点过失，这么做，不仅提高了

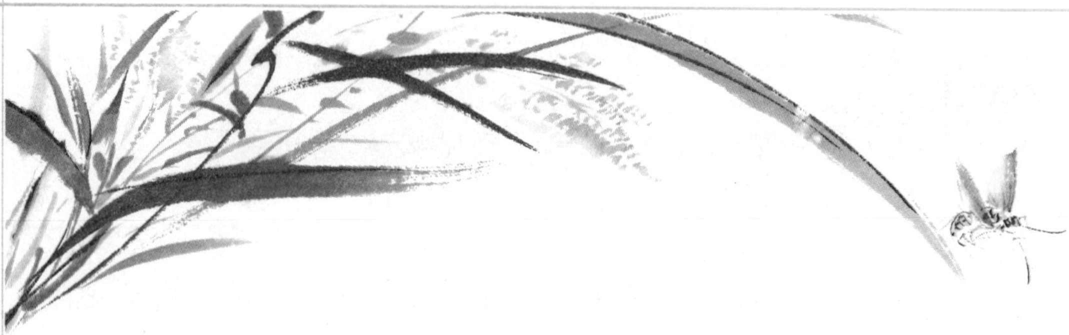

道德修养，而且免除了祸患；对待他人应该在缺点中寻找优点长处，这么做，不但保持了深情厚谊，也化解了矛盾怨恨。

**【原文】**

事后而议人得失，吹毛索垢，不肯丝毫放宽，试思己当其局，未必能效彼万一；

旁观而论人短长，抉隐摘微，不留些须余地，试思己受其毁，未必能安意顺承。

**【译文】**

事情过后来议论别人的得失，老是吹毛求疵，搜污索垢，没有丝毫宽容，试想一想自己处于那种局面，恐怕做不到别人的万分之一；坐视旁观来评论别人的长短，总是揭人隐私，道人琐事，不留一点儿余地，试想一想自己受到那样的毁谤，未必能心平气和地接受。

**【原文】**

遇事只一味镇定从容，虽纷若乱丝，终当就绪；

待人无半毫矫伪欺诈，纵狡如山鬼，亦自献诚。

**【译文】**

遇到事情，只要始终能从容镇定，即使此事如乱丝一样纷繁杂乱，最终也能安排就绪；如果对待他人无半点虚伪欺诈，即使如山鬼般狡黠的人，最终也会被感化献出其诚心。

**【原文】**

公生明，诚生明，从容生明。

**【译文】**

办事公正使人对是非的认识清楚明白；为人忠诚使人们相互间的了解清楚明白；遇事从容，使人对事理的判断清楚明白。

**【原文】**

人好刚，我以柔胜之；
人用术，我以诚感之；
人使气，我以理屈之。

**【译文】**

别人喜欢逞强，我用温柔制服他；别人施诡计，我以真诚感化他；别人发怒，我用道理说服他。

**【原文】**

柔能制刚，遇赤子而贲育失其勇；
讷能屈辩，逢喑者而仪秦拙于词。

**【译文】**

柔能克刚，在初生的婴儿面前，即使孟贲、夏育这样的勇士，也会失去其刚勇；言语迟钝的人能使善辩的人屈服，在哑巴面前，即使张仪、苏秦这样的辩士也会笨嘴拙舌。

**【原文】**

困天下之智者，不在智而在愚；
穷天下之辩者，不在辩而在讷；
伏天下之勇者，不在勇而在怯。

**【译文】**

使有智慧的人感到困扰的，不在于智慧，而是愚笨；使天下的善辩之士理屈词穷的，不在于善辩，而是木讷寡言；降伏天下勇士的，不在于有勇力而是怯懦。

**【原文】**

以耐事，了天下之多事；
以无心，息天下之争心。

**【译文】**

凭忍耐的心性，了结天下的许多麻烦事；用不争的心，平息天下相争的心。

【原文】

何以息谤？曰无辩；
何以止怨？曰不争。

【译文】

用什么方法制止毁谤？答曰：不要辩白；如何才能平息怨愤？答曰：不要争斗。

【原文】

人之谤我也，与其能辩，不如能容；
人之侮我也，与其能防，不如能化。

【译文】

别人毁谤我，与其同他辩解，不如容忍他人的毁谤；别人侮辱我，与其提防他，不如主动化解怨恨。

【原文】

是非窝里，人用口，我用耳；
热闹场中，人向前，我落后。

【译文】

在是非圈子里，别人用嘴说，我只用耳朵听；在热闹场合中，别人争着向前，我则退到一旁。

【原文】

观世间极恶事，则一眚一慝，尽可优容；
念古来极冤人，则一毁一辱，何须计较。
彼之理是，我之理非，我让之；

彼之理非，我之理是，我容之。

**【译文】**

看到过人间最坏的事，那么有一处过失，一点儿邪恶，都可宽容；想想自古以来那些受尽冤枉的人，那么受一次诋毁，遭一回侮辱，又何必计较呢。他有道理，我没道理，我就让他；他没道理，我有道理，我就包容他。

**【原文】**

能容小人，是大人；能培薄德，是厚德。

**【译文】**

能容忍小人的人，是胸怀宽大的人；能帮助品行差的人，是品德高尚之人。

**【原文】**

我不识何等为君子，
但看每事肯吃亏的便是；
我不识何等为小人，
但看每事好便宜的便是。

**【译文】**

我不知道什么样的人是君子，只观察每件事都肯吃亏的人就是；我不知道什么样的人是小人，只观察每件事都喜欢占便宜的人就是。

**【原文】**

律身惟廉为宜，处世以退为尚。

**【译文】**

约束自己以廉洁为宜，待人接物以退让为高。

【原文】

以仁义存心，以勤俭作家，以忍让接物。

【译文】

把仁义装在心中，以勤俭操持家务，以忍让待人接物。

【原文】

径路窄处，留一步与人行；
滋味浓底，减三分让人尝。
任难任之事，要有力而无气；
处难处之人，要有知而无言。

【译文】

路径狭窄处，留一点空间让人通过；滋味浓郁的，少吃一口让别人也尝尝。做难做的事，要使出最大力量而没有怨气；与难交往的人相处，要心中有数而不要说穿。

【原文】

穷寇不可追也，遁辞不可攻也，贫民不可威也。

【译文】

无路可走的敌人不要再追，闪烁其词的话不可追根究底，在贫苦之人面前不要耍威风。

【原文】

祸莫大于不仇人，而有仇人之辞色；
耻莫大于不恩人，而作恩人之状态。

【译文】

一个人最大的祸患莫过于与人无仇，却做出一副仇人似的言语神色；一个人最大的羞耻是没有施恩于人，却摆出一副恩人的架势。

【原文】

善用威者不轻怒，善用恩者不妄施。

【译文】

善于利用威仪的人不轻易发怒，善于施恩的人不随便施恩。

【原文】

宽厚者，毋使人有所恃；
精明者，不使人无所容。

【译文】

宽厚的人不要太宽厚，使别人有所依恃、得寸进尺；精明的人不要太精明，使人隐恶全露，无地自容。

【原文】

事有知其当变，而不得不因者，善救之而已矣；

人有知其当退，而不得不用者，善驭之而已矣。

【译文】

知道事情会变化，而不得不顺应其势的人，只是善于补救罢了；知道某人将退隐，却不得不任用他的人，只是善于驾驭罢了。

【原文】

轻信轻发，听言之大戒也；
愈激愈厉，责善之大戒也。

【译文】

轻易相信，轻易行动，是听别人讲话的大忌；越讲越激烈，越说越厉害，是劝别人从善的大忌。

【原文】

处事须留余地，责善切戒尽言。

【译文】

处理事情，应当留有充分余地；劝人从善，千万不要把话说尽。

【原文】

施在我有余之惠，则可以广德；
留在人不尽之情，则可以全交。

【译文】

尽我的能力把恩惠施与别人，就可以广修德行；把人情留给他人，就可以更加保全与他的交情。

【原文】

古人爱人之意多，故人易于改过，而视我也常亲，我之教益易行；

今人恶人之意多，故人甘于自弃，而视我也常仇，我之言必不入。

【译文】

古人教导他人多持爱心，所以他们容易知错就改；反过来，他们也亲近教导者，那么教诲规劝就更加容易奏效；今人教导他人常怀厌恶之心，所以被教的人就自暴自弃，常以一种敌视态度对待教导者，那么批评引导的话就很难听得进去。

【原文】

喜闻人过，不若喜闻己过；
乐道己善，何如乐道人善。

【译文】

喜欢听人家的过失，不如喜欢听人家指出自己的过失；乐于夸耀自己的长处，不如乐于宣扬他人的长处。

【原文】

听其言，必观其行，是取人之道；
师其言，不问其行，是取善之方。

【译文】

不仅听他说些什么，还要观察他的行动，这是选拔人才的正确方法；学习他说的话，而不过问他的行为，这是择善而从的正确方法。

【原文】

论人之非，当原其心，不可徒泥其迹；
取人之善，当据其迹，不必深究其心。

【译文】

评论别人的过失，应当探讨其思想根源，不能只局限于他的行为；吸取别人的长处，应当只效法他的具体行为，没有必要深究其思想动机。

【原文】

小人亦有好处，不可恶其人，并没其是；
君子亦有过差，不可好其人，并饰其非。

【译文】

小人也有优点，不能因为讨厌他这个人，便无视他的优点。君子也有过失，不能因为喜欢他这个人，就连同他的过失一起粉饰。

【原文】

小人固当远，然断不可显为仇敌；
君子固当亲，然亦不可曲为附和。

【译文】

对小人固然应当疏远，却不可公然与之为敌；和君子固然应当亲近，但也不能曲意逢迎。

【原文】

待小人宜宽，防小人宜严。

【译文】

对待小人应当宽厚，防范小人应当严密。

【原文】

闻恶不可遽怒，恐为谗夫泄忿；
闻善不可就亲，恐引奸人进身。

【译文】

听到坏人坏事，不可马上发怒，恐会被爱进谗言的人利用来泄私愤；听到好人好事，不能马上和他亲近，要提防招引奸诈之人借机靠近自己。

【原文】

先去私心，而后可以治公事；
先平己见，而后可以听人言。

【译文】

首先得抛开私心杂念，然后才能公正地处理公事；先得去除心中的成见，然后才能客观地采纳别人的意见。

【原文】

修己以清心为要，涉世以慎言为先。

【译文】

修炼自己，以清心寡欲为第一要务；经历世事，以谨慎说话为首要信条。

【原文】

恶莫大于纵己之欲，祸莫大于言人之非。

【译文】

最大的恶行莫过于放纵自己的欲望；最大的祸患莫过于谈论别人

的是非。

【原文】

人生惟酒色机关，须百炼此身成铁汉；
世上有是非门户，要三缄其口学金人。

【译文】

人生旅途上布满了酒色陷阱，只有千锤百炼把自己打造成不受诱惑的铁汉，才能闯过这些关口；现实社会中充斥着是非纠纷，只有像金人那样保持缄默，才能摆脱纷扰。

【原文】

工于论人者，察己常阔疏；
狃于讦直者，发言多弊病。

【译文】

专好议论别人的人，往往对自己的行为疏于省察；习惯斥责直言的人，其言论常常错误很多。

【原文】

人情每见一人，始以为可亲，久而生厌，又以为可恶。非明于理而复体之以情，未有不割席者；

人情每处一境，始以为甚乐，久而生厌，又以为甚苦。非平其心而复济之以养，未有不思迁者；

【译文】

人之常情往往如此，每认识一个陌生人，开始觉得他很亲切，时间久了就开始厌倦，再后来就感到可恨。如果不是能明白事理而又能体察人情的人，没有不断交的。

人之常情往往是这样，每到一处新的环境，开始觉得非常快乐，时间久了就开始厌倦，再后来感到苦不堪言。如果不是平心静气又不断修养德行的人，没有不想再换一个地方的。

【原文】

观富贵人，当观其气概，如温厚和平者，则其荣必久，而其后必昌；

观贫贱人，当观其度量，如宽宏坦荡者，则其福必臻，而其家必裕。

【译文】

观察富贵之人，要看他的气度，像那些性情温和宽厚的人，他们的荣华定能长久，而后代必然兴旺；

观察贫贱之人，应看他的度量，像那些宽宏大量、心胸坦荡的人，他们的福气必将来临，而家境也一定会富裕。

【原文】

宽厚之人，吾师以养量。
缜密之人，吾师以炼识。
慈惠之人，吾师以御下。
俭约之人，吾师以居家。
明通之人，吾师以生慧。
质朴之人，吾师以藏拙。
才智之人，吾师以应变。
缄默之人，吾师以存神。
谦恭善下之人，吾师以亲师友。
博学强识之人，吾师以广见闻。

【译文】

宽厚的人，我就学习他的深沉涵养。思维缜密的人，我就学习他的练达见识。慈祥多恩的人，我就学习他的管理方法。勤俭节约的人，我就学习他的持家之道。明白通达的人，我就学习他的智慧。朴实的人，我就学习他藏而不露。有才能的人，我就学习他的应变能力。沉默的人，我就学习他的工于心计。谦恭而善待下属的人，我就学习他以亲近师友。学识渊博的人，我就学习他以增长见识。

【原文】

居视其所亲，富视其所与，达视其所举，穷视其所不为，贫视其所不取。

【译文】

居家看他与什么样的人亲近，富贵看他帮助救济的是什么人，发达看他举荐的是什么样的人，穷困看他不做什么事，贫寒看他不拿取什么。

【原文】

取人之直，恕其戆。取人之朴，恕其愚。
取人之介，恕其隘。取人之敬，恕其疏。
取人之辩，恕其肆。取人之信，恕其拘。

【译文】

看重某人的直率，就要宽恕他的鲁莽。看重某人的质朴，就要宽恕他的愚笨。看重某人的耿直，就要宽恕他的狭隘。看重某人的恭敬，就要宽恕他的疏远。看重某人的辩才，就要宽恕他的放肆。看重某人的诚信，就要宽恕他的拘谨。

【原文】

遇刚鲠人，须耐他戾气。
遇骏逸人，须耐其妄气。
遇朴厚人，须耐他滞气。
遇佻达人，须耐其浮气。

【译文】

遇到刚强耿直的人，要忍耐他的暴戾之气。遇到俊逸洒脱的人，要忍耐他的狂妄之气。遇到朴实宽厚的人，要忍耐他的呆滞之气。遇到轻佻显达的人，要忍耐他的浮浪之气。

【原文】

人褊急，我受之以宽宏；
人险仄，我平之以坦荡。

【译文】

别人气量狭隘、性情急躁，我用宽宏大量来接受他；别人阴险邪恶，我用坦荡之心感化他。

【原文】

持身不可太皎洁，一切污辱垢秽，要茹纳得；
处世不可太分明，一切贤愚好丑，要包容得。

【译文】

修身不能太清白，要能容纳一切肮脏丑恶；处世不能太认真，要能包容一切贤愚美丑。

【原文】

宇宙之大，何物不有？使择物而取之，安得别立宇宙，置此所舍之物？
人心之广，何人不容？使择人而好之，安有别个人心，复容所恶之人？

【译文】

世界之大，什么东西没有？假如都选自己喜欢的东西拿走，怎么

能另立一个世界，去放置人们丢弃的东西呢？人心宽广，有什么人不可包容？假使都选择自己喜欢的人去亲近，哪里存在另一个人心，去容纳自己所厌恶的人呢？

**【原文】**

德盛者，其心和平，见人皆可取，故口中所许可者多；

德薄者，其心刻傲，见人皆可憎，故目中所鄙弃者众。

**【译文】**

品德高尚的人，其心性温和平静，见到每个人都觉得他们有可取之处，因此口中称赞的人很多；品德低劣的人，其心性刻薄傲慢，见到每个人都觉得面目可憎，所以他们的眼中看不起的人很多。

**【原文】**

律己宜带秋风，处世须带春风。

**【译文】**

约束自己，要像秋风扫落叶般严厉；与人相处，要像春风化育万物般温暖。

**【原文】**

爱人而人不爱，敬人而人不敬，君子必自反也；

爱人而人即爱，敬人而人即敬，君子益加谨也。

**【译文】**

爱护别人但不被别人爱护，敬重别人却不被别人敬重，遇到这种情况，君子一定会进行自我反省；爱护别人而别人也爱护我，敬重别人而别人也敬重我，遇到这种情况，君子一定会更加谦虚谨慎。

**【原文】**

人若近贤良，譬如纸一张；
以纸包兰麝，因香而得香。
人若近邪友，譬如一枝柳；
以柳贯鱼鳖，因臭而得臭。

**【译文】**

人若接近贤良之士，就好比一张白纸，用这张纸去包裹芝兰麝香，纸也跟着香起来；人若接近邪恶之人，就好比一根柳条，用这支柳去穿臭鱼腐鳖，柳条也因此变得臭了起来。

**【原文】**

人未已知，不可急求其知；
人未已合，不可急与之合。

**【译文】**

别人还不了解自己，不能急于要求他了解；别人还没有与自己相合，不能急于与他交往。

**【原文】**

落落者难合，一合便不可离；
欣欣者易亲，乍亲忽然成怨。

【译文】

孤独的人难以相处，一旦与他相知便友谊长在、很难分离；性情欢乐的人容易与之亲近，但好不了几天转眼就骤然结怨。

【原文】

能媚我者，必能害我，宜加意防之；
肯规予者，必肯助予，宜倾心听之。

【译文】

能讨好谄媚我的人，一定也会加害于我，应特别留意防范他；愿意规劝指导我的人，一定也愿意帮助我，应全心全意听从他的忠告。

【原文】

出一个大伤元气进士，不如出一个能积阴德平民；
交一个读破万卷邪士，不如交一个不识一字端人。

【译文】

出一个道德败坏的高官，不如出一个能行善积德的普通百姓；与一个饱读诗书的邪恶之人结交，不如结交一个一字不识的但品行端正之人。

【原文】

无事时，埋藏著许多小人；
多事时，识破了许多君子。

【译文】

平安无事时，身边隐藏着许多小人无法看出来；处于危难之中，就能识破许多伪君子的嘴脸。

【原文】

一种人难悦亦难事，只是度量褊狭，不失为君子；
一种人易事亦易悦，只是贪污软弱，不免为小人。

【译文】

有一种人，难以取悦也难以相处，只是他们度量狭小的缘故，但仍不失为君子；有一种人，容易相处也容易取悦，但是他们贪婪软弱，不免是个小人。

【原文】

大恶多从柔处伏，慎防绵里之针；
深仇常自爱中来，宜防刀头之蜜。

【译文】

大的罪恶多半潜伏在柔软的地方，所以要像防备丝绵里的针那样谨慎；深仇大恨往往因爱而产生，所以要像防范甜蜜背后的刀刃那样小心。

【原文】

惠我者小恩，携我为善者大恩；
害我者小仇，引我为不善者大仇。

【译文】

施惠于我，只是小恩小惠；引导我从善积德，是对我有大恩。加害于我，只是小过节；倘若引诱我做坏事，就与我结下深仇了。

【原文】

毋受小人私恩，受则恩不可酬；
毋犯士夫公怒，犯则怒不可救。

【译文】

不要接受小人的恩惠，一旦接受就无法回报；不要触犯读书人的公愤，一旦触犯就难以平息。

【原文】

喜时说尽知心，到失欢须防发泄；
恼时说尽伤心，恐再好自觉羞惭。

【译文】

高兴时不要说尽知心话，到不高兴时要防范对方把话泄漏出去；恼怒时也不要说尽伤人心的话，恐怕以后再和好时，自己都觉得羞愧。

**【原文】**

盛喜中勿许人物，盛怒中勿答人言。

**【译文】**

大喜之中不要许诺别人东西，盛怒之时不要回答别人的言语。

**【原文】**

顽石之中，良玉隐焉；寒灰之中，星火寓焉。

**【译文】**

顽劣的石头中，隐藏着美玉；寒冷的灰烬中，埋藏着火星。

**【原文】**

静坐常思己过，闲谈莫论人非。

**【译文】**

独自一个人静坐时，要经常反省自己的过错；与他人聊天闲谈时，切莫讲他人的缺点、错误。

**【原文】**

对痴人莫说梦话，防所误也；
见短人莫说矮话，避所忌也。

**【译文】**

对呆傻的人，不要说不切实际的话，以防止他产生误会；见到身材矮小的人，不要说与矮相关的话，以避开他的忌讳。

**【原文】**

面谀之词，有识者未必悦心；

背后之议，受憾者常至刻骨。

【译文】

当面奉承人的话，有见识的人听了不一定愉悦；在背后议论别人的是非，被议论的人知道后往往恨之入骨。

【原文】

攻人之恶毋太严，要思其堪受；
教人以善毋太高，当使其可从。

【译文】

批评人的错误不能太严厉，要想想他是否承受得了；劝人从善要求不能太高，应当使他力所能及。

【原文】

互乡童子则进之，开其善也；
阙党童子则抑之，勉其学也。

【译文】

对于乡间缺乏教养的孩子，就应该激励他们，开导他们积极向善；

对于出身书香门弟教养好的孩子，就应该抑制他们身上的骄气，勉励他们努力学习。

【原文】

不可无不可，一世之识；
不可有不可，一人之心。

【译文】

总有些事是办不到的，这是世间常理；没有办不到的事，这是雄心壮志。

【原文】

事有急之不白者，缓之或自明，毋急躁以速其戾；
人有操之不从者，纵之或自化，毋操切以益其顽。

【译文】

有的事情急迫却弄不明白的，缓一段时间也许自然就明白了。不要急躁，以免加速它的糟乱。有的人你想驾驭他，他却不服从，由他去或许他会转化。不要操之过急，以免增加他的顽劣。

【原文】

遇矜才者，毋以才相矜，
但以愚敌其才，便可压倒；
遇炫奇者，毋以奇相炫，
但以常敌其奇，便可破除。

【译文】

遇到自恃才高的人，不要与他比才华，只要用愚笨的方法与他的才华抗衡，便可以压倒他；遇到喜欢炫耀的人，不要与他比奇异，只要用普通的东西与他奇异的东西相比，便可消除他的炫耀之心。

【原文】

直道事人，虚衷御物。

【译文】

以正直无私之心善待他人；以谦虚坦荡之心驾驭万物。

【原文】

不近人情，举足尽是危机；
不体物情，一生俱成梦境。

【译文】

与人交往不合乎人之常情，这样的人，举手投足都会危机四伏；处理事务不考虑客观条件，这样的人，愚昧无知导致一事无成。

【原文】

己性不可任，当用逆法制之，其道在一忍字；

人性不可拂，当用顺法调之，其道在一恕字。

【译文】

不可放任自己的心性，应用逆反的方法遏制它，此法关键在于忍让；不可违背世人的性情，应用顺应的方法调和它，此法关键在于宽恕。

【原文】

仇莫深于不体人之私，而又苦之；
祸莫大于不讳人之短，而又讦之。

【译文】

没有比不体谅别人的隐私且挖苦他更令人仇恨的了；没有比不忌讳别人的短处且揭穿它更易酿成祸患的了。

【原文】

辱人以不堪必反辱，伤人以已甚必反伤。

【译文】

以使人不堪忍受的手段污辱别人，自己必然反受其辱；以过激的言行伤人，一定会反受其伤害。

【原文】

处富贵之时，要知贫贱的痛痒；
值少壮之日，须念衰老的辛酸。

【译文】

在过富裕显贵生活的时候，要了解贫贱之人生活的痛苦；正值年轻力壮的时候，应想到年老体衰者的辛酸。

【原文】

入安乐之场，当体患难人景况；
居旁观之地，务悉局内人苦心。

【译文】

在安全快乐的场合，应当体会患难之人的处境；居于旁观者的地位，务必详尽知道当事人的苦衷。

【原文】

临事须替别人想，论人先将自己想。

【译文】

遇到事情时应先想想；议论别人时要先想想自己做得怎样。

【原文】

欲胜人者先自胜，欲论人者先自论，欲知人者先自知。

【译文】

想要战胜别人，先得战胜自己；想要评价别人，先要评价自己；想要了解别人，先要了解自己。

【原文】

待人三自反，处世两如何。

【译文】

待人应不断地进行自我反省，处世要不停地反复思量。

【原文】

待富贵人，不难有礼而难有体；
待贫贱人，不难有恩而难有礼。

【译文】

对待富贵之人，不难做到有礼节，而难做到有分寸；对待贫贱之人，不难做到给予恩惠，而难做到有礼节。

【原文】

对愁人勿乐，对哭人勿笑，对失意人勿矜。

【译文】

面对忧愁的人，不要表现出快乐的神色；面对伤心哭泣的人，不要露出笑容；面对失意之人，不要表现出夸耀的样子。

【原文】

见人背语，勿倾耳窃听。
入人私室，勿侧目旁观。
到人案头，勿信手乱翻。

【译文】

见到别人背后窃窃私语，不要侧耳偷听。进入别人的卧室，不要左顾右盼。到别人的书案跟前，不要随手乱翻。

【原文】

不蹈无人之室，不入有事之门，不处藏物之所。

【译文】

不进没人的房间，不到有是非的地方，不在贮存物品的地方停留。

【原文】

俗语近于市，纤语近于娼，诨语近于优。

【译文】

粗俗的言语像街市上的人说的话，柔情软语近似于娼妓们说的话，开玩笑的言语就像戏子说的话。

【原文】

闻君子议论，如啜苦茗，森严之后，甘芳溢颊；
闻小人谄笑，如嚼糖霜，爽美之后，寒沍凝胸。

【译文】

听君子议事论人，就像喝苦茶，苦涩过后，满嘴都是香甜味；听小人谄媚奸笑的话语，就像吃糖霜，甜美过后，便觉寒冷之气凝聚胸中。

【原文】

凡为外所胜者，皆内不足；
凡为邪所夺者，皆正不足。

【译文】

凡是被外物战胜的人，自身内在修养均有不足；凡是被奸邪俘虏的人，都有自身正气不足的毛病。

【原文】

存乎天者，于我无与也；
穷通得丧，吾听之而已。
存乎我者，于人无与也；
毁誉是非，吾置之而已。

【译文】

由上天安排的命运，我无法参与决定，穷困通达与得失，我只能听之任之；由我掌握的事情，别人无法参与决定，毁谤赞誉与是非，我对其置若罔闻。

【原文】

小人乐闻君子之过，君子耻闻小人之恶。

【译文】

小人喜欢听到君子的过错，而君子则耻于听到小人的恶行。

【原文】

慕人善者，勿问其所以善，恐拟议之念生，而效法之念微矣！

济人穷者，勿问其所以穷；恐憎恶之心生，

而恻隐之心泯矣！

【译文】

仰慕别人的善行，不要追问他行善的原因，以防对其产生怀疑，而淡薄效法行善的想法；救济别人的穷困，不要追问他处于穷困境地的原因，以免对其产生憎恶之情，而泯灭了对他的恻隐之心。

【原文】

时穷势蹙之人，当原其初心；

功成名立之士，当观其末路。

【译文】

对于时运不济的人，应当探究他最初的想法；对于功成名就之人，应当看他最后的结局。

【原文】

踪多历乱，定有必不得已之私；

言到支离，才是无可奈何之处。

【译文】

四处奔波、历尽坎坷的人，一定有迫不得已的私事；话未说完就支吾其词，肯定是说到了无可奈何之处。

【原文】

惠不在大，在乎当厄；

怨不在多，在乎伤心。

**【译文】**

施给别人恩惠不在于大小，而在于是否在别人需要时施与；与别人结怨不在于伤害别人次数的多少，而是在于是否伤了别人的心。

**【原文】**

毋以小嫌疏至戚，毋以新怨忘旧恩。

**【译文】**

不要因为小小的隔阂就疏远亲友，不要因为新近的小过节就忘记了过去的大恩。

**【原文】**

两惠无不释之怨，两求无不合之交，两怒无不成之祸。

**【译文】**

两个人互相施与恩惠没有消除不了的怨恨；两个人都希望和好，就没有不能和好的交情；两个人都发怒没有不能酿成的大祸。

**【原文】**

古之名望相近则相得，今之名望相近则相妒。

**【译文】**

古时候名望相近的人，能和睦相处；现在名望相近的人，则互相嫉妒。

# 齐家类

家庭是社会的细胞，每一个家庭都治理好了，那么整个国家也就太平安定了。没有人在不能维持一家的生计、教好自己的子女的情况下，却能安养百姓，教化他人。所以古人多把“修身、齐家、治国、平天下”作为自己实现人生价值的步骤，不无道理。本篇内容，主要劝导人们如何处理好家庭成员间的关系，如何保住祖宗家业、为后代造福，以及如何教育好子孙后代等。虽然今天我们的家庭结构和观念与本篇所说不完全一样，但只要我们本着取其精华，去其糟粕的态度去读，也能得到不少教益。

**【原文】**

勤俭，治家之本；和顺，齐家之本；
谨慎，保家之本；诗书，起家之本；
忠孝，传家之本。

**【译文】**

勤劳俭朴，是管理家事的根本；和睦安顺，是治理家庭的根本；小心谨慎，是守住家业的根本；诗书文章，是创立家业的根本；忠孝伦理，是家庭世代相传的根本。

**【原文】**

天下无不是底父母，世间最难得者兄弟。

【译文】

对于子女而言，父母的一切做法都是正确的；对于兄弟姊妹而言，世间最难得的是手足之情。

【原文】

以父母之心为心，天下无不友之兄弟；
以祖宗之心为心，天下无不知之族人；
以天地之心为心，天下无不爱之民物。

【译文】

以父母的慈爱之心对待兄弟姐妹，天下就再没有不友爱的兄弟姐妹了；以祖先的仁爱之心对待族人，天下就再没有不和睦的族人了；以天地的博爱之心对待周围的一切，天下就再没有不值得关爱的人和物了。

【原文】

人君以天地之心为心，人子以父母之心为心，天下无不一之心矣；

臣工以朝廷之事为事，奴仆以家主之事为事，天下无不一之事矣。

**【译文】**

君主如能拥有天地对待万物的那种博爱之心，百姓如能拥有父母对待子女的那种慈爱之心，那么天下就没有不能统一的思想了。如果官员都把朝廷的事当成自己的事，奴仆都把主人的事当作自己的事，那么天下就没有不一致的事了。

**【原文】**

孝莫辞劳，转眼便为人父母；
善毋望报，回头但看尔儿孙。
子之孝，不如率妇以为孝，妇能养亲者也。
公姑得一孝妇，胜如得一孝子。
妇之孝，不如导孙以为孝，孙能娱亲者也。
祖父得一孝孙，又增一辈孝子。

**【译文】**

孝顺父母不要害怕辛劳，转眼之间自己也将为人父母；行善积德不要指望报答，回头看看你的子孙，就知已经得到回报。儿子孝顺，不如带领媳妇一同孝顺，媳妇侍奉双亲比儿子更周到。公婆得到一个孝顺媳妇，胜过得一个孝顺儿子。媳妇孝顺，不如教导孙子孝顺，孙子孝顺能使祖父母更加愉快。祖父母得一个孝孙，等于又增添了一代孝子。

**【原文】**

父母所欲为者，我继述之；
父母所重念者，我亲厚之。

**【译文】**

父母生前想做而没完成的事情，我继续帮他们做完；父母生前特别惦念的人，我要亲近厚待他。

**【原文】**

婚而论财，究也夫妇之道丧；
葬而求福，究也父子之恩绝。

**【译文】**

结婚联姻而讲求财产彩礼，终究会丧失夫妇之道；办理丧事而利用风水祈求赐福保佑，终究会使父子间的恩情断绝。

**【原文】**

君子有终身之丧，忌日是也；
君子有百世之养，邱墓是也。

**【译文】**

君子有终生都服丧的日子，那就是父母的忌日；君子有世代都要供养的地方，那就是祖先的墓地。

**【原文】**

兄弟一块肉，妇人是刀锥；
兄弟一釜羹，妇人是盐梅。

**【译文】**

兄弟好比一块肉，妻子就像分割肉的刀子和尖锥；兄弟好比一锅汤，妻子就像调味的盐和梅子。

【原文】

兄弟和，其中自乐；子孙贤，此外何求！

【译文】

兄弟和睦，其中自有快乐；子孙贤良，除此之外还有什么奢求呢！

【原文】

心术不可得罪于天地，
言行要留好样给儿孙。

【译文】

居心要对得起天地良心，言谈举止要给子孙作出表率。

【原文】

现在之福，积自祖宗者，不可不惜；
将来之福，贻于子孙者，不可不培。
现在之福如点灯，随点则随竭；
将来之福如添油，愈添则愈明。

【译文】

现在所享受到的福泽，是从祖宗那里积累下来的，不能不珍惜；将来的福泽，是要留给子孙的，不能不培养。现在所享受的福泽就像点灯耗油，只要点亮，灯油终会用尽；将来的福泽就像给油灯添油，越添油灯火就越明亮。

【原文】

问祖宗之泽，吾享者是，当念积累之难；
问子孙之福，吾贻者是，要思倾覆之易。

【译文】

问祖宗的福泽在哪里，我现在享受的就是，应念及当初祖宗积累福泽的艰难；问子孙的福泽在哪里，我所遗留的就是，要想到用尽是很容易的事。

【原文】

要知前世因，今生受者是；
吾谓昨日以前，尔祖尔父，皆前世也。
要知后世因，今生作者是；
吾谓今日以后，尔子尔孙，皆后世也。

【译文】

要想知道前世的因是什么，今生你所遭受的便是。我把昨天以前，你的祖父、你的父亲，都叫做前世。要想知道后世的因是什么，今生你所做的就是。我把今天以后，你的儿子、孙子，都称为后世。

【原文】

祖宗富贵，自诗书中来，
子孙享富贵，则弃诗书矣；

祖宗家业，自勤俭中来，
子孙享家业，则忘勤俭矣。

【译文】

祖宗的富贵，都是由于苦读诗书得来的，但子孙们享受富贵的时候，却把读书抛到一边了；祖宗的家业，都是勤俭节约积累起来的，但子孙们享用祖先产业时，却把勤俭节约忘得干净。

【原文】

近处不能感动，未有能及远者。
小处不能调理，未有能治大者。
亲者不能联属，未有能格疏者。
一家生理不能全备，未有能安养百姓者。
一家子弟不率规矩，未有能教诲他人者。

【译文】

如果不能感动周围的人，便不能教化远处的人。没有处理不好小事，却能治理大事的人。没有联络不好亲属，却能匡正疏远关系的人。连一家生计都不能照料好的人，必定不能安抚、奉养百姓；连自家的子弟都不能使其守规矩的人，必定不能教育好他人。

【原文】

至乐无如读书，至要莫如教子。

【译文】

没有比读书更快乐的事了；没有比教育子女更重要的事了。

【原文】

子弟有才，制其爱毋弛其诲，故不以骄败；
子弟不肖，严其诲毋薄其爱，故不以怨离。

【译文】

对于有才能的子女，一定要压抑对他们的偏爱，切莫放松对他们的教育，这样做是为了不使他们因骄傲而失败；对于不成才的子女，一定要加强对他们的教育，切莫减少对他们的关爱，这样做是为了不使他们因怨恨而背离。

【原文】

雨泽过润，万物之灾也。
恩宠过礼，臣妾之灾也。
情爱过义，子孙之灾也。

【译文】

雨下得太多，超过了润泽的程度，这是万物的灾难。恩宠过多，超过了礼法的界限，这是臣子、小妾的灾难。疼爱过多，超过了道义的标准，这是子孙的灾难。

【原文】

安详恭敬，是教小儿第一法；
公正严明，是做家长第一法。

【译文】

安详恭敬，是教育小孩的首要原则；处事公正严明，是做家长的首要方法。

【原文】

人一心先无主宰，如何整理得一身正当？
人一身先无规矩，如何调剂得一家肃穆？
融得性情上偏私，便是大学问；
消得家庭中嫌隙，便是大经纶。

【译文】

如果一个人心中没有正确的观念作为主宰，又怎么能把自己修炼得品行端正？如果一个人没有正确的行为规范，又怎么能把家庭治理得庄重肃穆？能够消除性情上的偏袒徇私，就是大学问；能够消除家庭中的仇怨，也是大学问。

【原文】

遇朋友交游之失，宜剀切，不宜游移；
处家庭骨肉之变，宜委曲，不宜激烈。

【译文】

碰到朋友交往中的过失，应当恳切规谏，不应犹豫不决；处于骨肉分离、家庭变故的境况，应当委婉平和地对待，而不应过于激烈。

【原文】

未有和气萃焉，而家不吉昌者；
未有戾气结焉，而家不衰败者。

【译文】

没见过充满和睦气氛，而不吉祥兴旺的家庭；没见过暴戾之气凝聚，而不衰落败亡的家庭。

【原文】

闺门之内，不出戏言，则刑于之化行矣；
房帷之中，不闻戏笑，则相敬之风著矣。

【译文】

家门以内，没传出过戏闹的言语，那么规范夫妻关系的礼法已经推行；内室之中，听不到轻薄的嬉笑，那么这家夫妻相敬的风气已经形成。

【原文】

人之于嫡室也，宜防其蔽子之过；
人之于继室也，宜防其诬子之过。

【译文】

对于正妻，应防备她隐瞒自己子女的过失；对于续娶的妻子，应防备她诬赖正妻子女的过错。

【原文】

仆虽能，不可使与内事；
妻虽贤，不可使与外事。

【译文】

奴仆即使再有才能，也不能让他参与家庭内部的事务；妻子即使再贤惠，也不能让她参与家庭以外的事务。

【原文】

奴仆得罪于我者尚可恕，
得罪于人者不可恕；
子孙得罪于人者尚可恕，
得罪于天者不可恕。

【译文】

奴仆得罪了我，还可以宽恕，但得罪了别人，那就不可宽恕了；子孙得罪了别人，还可以宽恕，但违背了天理，那就不可饶恕了。

【原文】

奴之不祥，莫过于传主人之谤语；
主之不祥，莫大于信仆婢之谮言。

【译文】

仆人的多事，就是传播对主人诽谤的话语；主人的灾难，就是轻信仆人毁谤别人的言语。

【原文】

治家严，家乃和；居乡恕，乡乃睦。

治家忌宽，而尤忌严；居家忌奢，而尤忌啬。

【译文】

治理家庭严格，家庭才会和睦；居住乡里，对人宽容，乡间邻里才能和睦。治理家庭切忌宽松，更不能太严格；居家度日切忌奢侈无度，更不能吝啬小气。

【原文】

无正经人交接，其人必是奸邪；

无穷亲友往来，其家必然势利。

【译文】

与他交往的人都不是正经人，这个人一定是奸邪之人；没有贫穷的亲戚朋友与这户人家往来，这户人家一定是势利人家。

【原文】

日光照天，群物皆作，人灵于物，寐而不觉，是谓天起人不起，必为天神所谴，如君上临朝，臣下高卧失误，不免罚责。

夜漏三更，群物皆息，人灵于物，烟酒沉溺，是谓地眠人不眠，必为地祈所呵，如家主欲睡，仆婢喧闹不休，定遭鞭笞。

【译文】

太阳高照，万物都已苏醒，人乃万物之灵，却仍大睡不起，这就是所谓的天起人不起，必定会遭到天神的谴责，就好像君王早上临朝，大臣们却酣睡不起，耽误了国事，不免遭受责罚。

半夜三更，万物都已安息，人乃万物之灵，却仍沉溺于烟酒，这就是所谓的地眠人不眠，必定会遭到地神的呵责，就好比主人要睡，而仆人们却吵闹不休，定会遭到鞭打。

【原文】

楼下不宜供神，虑楼上之秽亵；
屋后必须开户，防屋前之火灾。

【译文】

楼下不适宜供奉神明，恐怕楼上的肮脏东西亵渎了神灵；房屋的后墙必须安装后门，以防屋前着火。

# 从政类

原始社会末期，随着生产力的发展，社会分工的细密，出现了专门治人的劳心者——官员，治于人的劳力者——平民。官员的主要职责本应是治民、教民、安民，然而由于私欲的驱使，许多官员忘记了其本职所在，常常欺民、愚民、扰民，使得民不聊生，最后官逼民反，揭竿而起。近代社会随着民主思想的深入，官民之间的对立关系有所改善，特别是新中国成立后，人民翻身作了主人。本篇主要讲做官的宗旨和原则，以及某些政务的处理方法。学习它，对于我们今天的执政者正确处理官民的关系以及树立新的执政理念，仍有着深刻的现实意义。

**【原文】**

眼前百姓即儿孙，莫谓百姓可欺，
且留下儿孙地步；
堂上一官称父母，漫道一官好做，
还尽些父母恩情。

**【译文】**

县官所管的百姓就像他的儿孙，不要认为百姓好欺负，应像对待儿孙一样给他们留些余地；公堂上的县官称为父母官，不要以为此官好做，对待百姓还应多尽一些父母般的恩情。

【原文】

善体黎庶情，此谓民之父母；
广行阴骘事，以能保我子孙。

【译文】

善于体察民情，这样的官才能称为老百姓的父母官；施政时暗中多做些好事，以便能永保自己的子孙平安吉祥。

【原文】

封赠父祖，易得也；无使人唾骂父祖，难得也。
恩荫子孙，易得也；无使我毒害子孙，难得也。

【译文】

因本人的官位，使祖先得到封赏很容易；但做到不让别人唾骂自己的祖先很难。凭本人的功勋，使子孙享受到特权很容易；但不使我的行为贻患就子孙很难做到。

【原文】

洁己方能不失己，爱民所重在亲民。

【译文】

为官清正廉洁，才能保住自己的节操与名望；爱护百姓，最重要的就是要亲近他们。

【原文】

朝廷立法不可不严，有司行法不可不恕。

【译文】

朝廷制定法律不能不严厉；但执法官执行法律不能没有宽恕之心。

【原文】

严以驭役而宽以恤民，
极于扬善而勇于去奸，
缓于催科而勤于抚字。

【译文】

指挥衙役要严格，对待百姓要宽厚；对好人好事要大力表彰，而对坏人坏事要坚决惩处；催交租税要和缓，安抚贫弱要勤勉。

【原文】

催科不扰，催科中抚字；
刑罚不差，刑罚中教化。

【译文】

催征赋税时不要惊扰百姓，要在催征过程中不忘安抚百姓；执行刑罚时不可出现偏差，要在执行过程中对百姓施以教化。

【原文】

刑罚当宽处即宽，草木亦上天生命；
财用可省时便省，丝毫皆下民脂膏。

【译文】

执行刑罚，应当宽松的地方就宽松，即使草木这样低微的东西，都是上天赋予的生命，更何况人呢；钱物的使用，能够节省就尽量节省，须知一丝一毫都是老百姓的血汗。

**【原文】**

居家为妇女们爱怜，朋友必多怒色；
做官为衙门人欢喜，百姓定有怨声。

**【译文】**

在家中被妇女们喜爱(而疏远了朋友)，这样做必定引起朋友的不满；在外做官只被衙门里的人喜欢(而忘记了百姓)，百姓一定会怨声载道。

**【原文】**

官不必尊显，期于无负君亲；
道不必博施，要在有裨民物。
禄岂须多，防满则退；
年不待暮，有疾便辞。
天非私富一人，托以众贫者之命；
天非私贵一人，托以众贱者之身。

**【译文】**

官位不一定要显达，只求不辜负朝廷和父母；道义不一定要广泛

施予，只要有利于民生就好。俸禄哪里需要那么多，够养老即应退休；不需等到年老，有病了就辞官回家。上天不是只让做官的一人富有，而是用众多贫困者的命运来陪衬；上天不是只让做官的一人显贵，而是用众多地位卑下人的身份来做陪衬。

**【原文】**

住世一日，要做一日好人；
为官一日，要行一日好事。

**【译文】**

在世上活一天，就要做一天的好人；在朝廷中做一天官，就要做一天的好事。

**【原文】**

贫贱人栉风沐雨、万苦千辛，自家血汗自家消受，天之鉴察犹恕；
富贵人衣税食租、担爵受禄，万民血汗一人消受，天之督责更严。

**【译文】**

贫贱之人，风吹雨淋、千辛万苦，自己的劳动所得自己享受，上天对他的监察也就相对宽容些；富贵之人，衣食来自田赋税款、担任爵位享受俸禄，广大百姓的劳动成果由他一人享受，因此上天对他的监督也更加严厉。

**【原文】**

平日诚以治民，而民信之，则凡有事于民，无不应矣；

平日诚以事天，而天信之，则凡有祷于天，无不应矣。

【译文】

平时以真心真意管理百姓，百姓就信任他，那么只要有事要求他们做，没有不响应的；平常以真心真意对待上天，上天就相信他，那么只要有事向上天祈祷，没有不应验的。

【原文】

平民肯种德施惠，便是无位底卿相；
士夫徒贪权希宠，竟成有爵底乞儿。

【译文】

平民百姓若乐于积德行善，那便是没有官位的公卿宰相；当官的只贪权争宠，他终会成为有官位的乞丐。

【原文】

无功而食，雀鼠是已；肆害而食，虎狼是已。

【译文】

无功于民而享俸禄，这样的官员就如同麻雀、老鼠一样；残害百姓而食俸禄，这样的官员就如同虎豹豺狼一般。

【原文】

毋矜清而傲浊，毋慎大而忽小，毋勤始而怠终。

【译文】

不要自命清高而鄙视他人的庸俗，不要只大事谨慎而忽略小事，不要开始做事时勤奋而最终懈怠。

**【原文】**

勤能补拙，俭以养廉。

**【译文】**

勤奋能弥补笨拙，节俭能培养廉洁的品格。

**【原文】**

居官廉，人以为百姓受福，予以为锡福于子孙者不浅也，曾见有约己裕民者，后代不昌大耶？

居官浊，人以为百姓受害，予以为贻害于子孙者不浅也，曾见有瘠众肥家者，历世得久长耶？

**【译文】**

为官清廉，人们认为是老百姓有福气，我认为是给官员的子孙赐福最多，谁曾见过严于律己而造福百姓的官员，他的子孙后代不昌盛兴旺的？为官贪浊，人们认为是百姓受害，我认为他的子孙后代受害最多，哪里见过损公肥私的贪官，他的家族会长盛不衰的？

**【原文】**

以林皋安乐懒散心做官，未有不荒怠者；
以在家治生营产心做官，未有不贪鄙者。

**【译文】**

以隐居山林、享乐懒散心态做官，没有不荒废政事的；以在家谋生

经营产业的心态做官，没有不贪污受贿的。

**【原文】**

念念用之君民，则为吉士；
念念用之套数，则为俗吏；
念念用之身家，则为贼臣。

**【译文】**

一心为国家、百姓着想的官员，就是国家的贤人；一心摸透做官套路、招数的官员，是凡庸的官吏；一心只为谋取个人私利的官员，就是奸臣、乱臣。

**【原文】**

古之从仕者养人，今之从仕者养己。
古之居官也，在下民身上做工夫；
今之居官也，在上官眼底做工夫。

**【译文】**

古时做官的安养百姓，现在做官的却只关心自己。古时当官的，千方百计为百姓谋取福利；现在当官的，只在上司眼前做表面工夫。

【原文】

在家者不知有官，方能守本分；
在官者不知有家，方能尽本分。

【译文】

在家的官员亲属能忘记自己的亲人是官员，才能遵纪守法、安分守己；在官场的官员忘了自己家庭的利益得失，才能尽职尽责为民办事。

【原文】

君子当官任职，不计难易，而志在济人，故动辄成功；
小人苟禄营私，只任便安，而意在利己，故动多败事。

【译文】

君子当官不计较事情的难易，其志向只在于帮助百姓，因此办事往往获得成功；小人贪财谋利只做容易的事，其主要目的只在于谋取私利，因此办事常常以失败而告终。

【原文】

职业是当然底，每日做他不尽，莫要认作假；
权势是偶然底，有日还他主者，莫要认作真。

【译文】

公务是当然要做的，每天做也做不完，要认真对待，切莫弄虚作假；权势是偶然得到的，总有一天要归还给朝廷，不要把权势太当真，还要看淡些。

【原文】

一切人为恶，犹可言也，惟读书人不可为恶，读书人为恶，更无教化之人矣；

一切人犯法，犹可言也，惟做官人不可犯法，做官人犯法，更无禁治之人矣。

【译文】

其他任何人作恶，都还说得过去，唯独读书人不可以作恶，因为读书人一作恶，就更没有能实施教化的人了；其他任何人犯法，都还说得过去，唯独做官的不可以犯法，因为做官的一犯法，就更没有能执行法律的人了。

【原文】

士大夫济人利物，宜居其实，不宜居其名，居其名则德损；

士大夫忧国为民，当有其心，不当有其语，有其语则毁来。

【译文】

做官的人救助百姓、造福社会，应该注重实效，不应只图虚名，只图虚名就会有损德行；做官的人忧国忧民，应该发自内心，不应只说空话，只说空话就会遭到毁谤。

【原文】

以处女之自爱者爱身，以严父之教子者教士。

执法如山，守身如玉，爱民如子，去蠹如仇。

【译文】

以处女自爱的态度，来爱惜自己的名节；以严父教子的方法，来教导年轻人。执行法令，要像山一样不动摇；保持名节，要像玉一样洁白无瑕；爱护百姓，要像爱护子女一样尽心；铲除邪恶，要像对待仇人一样毫不留情。

**【原文】**

陷一无辜，与操刀杀人者何别？
释一大憝，与纵虎伤人者无殊。

**【译文】**

陷害一个无辜的人，与拿刀杀人的罪犯有什么区别？放走一个大恶人，与纵虎伤人的人没有什么两样。

**【原文】**

针芒刺手，茨棘伤足，举体痛楚，刑惨百倍于此，可以喜怒施之乎？
虎豹在前，坑阱在后，百般呼号，狱犴何异于此，可使无辜坐之乎？

**【译文】**

针尖刺破手，蒺藜、荆棘划伤脚，尚且全身疼痛，难以忍受，何况刑罚的惨烈比这要痛苦百倍，怎么能凭自己的喜怒随便施行呢？虎豹在前面，陷阱在后面，尚且让人恐惧得百般哭喊，牢狱的折磨与这有什么区别，怎么能轻易把无辜者投进大牢，去遭受这等折磨呢？

**【原文】**

官虽至尊，决不可以人之生命，佐己之喜怒；
官虽至卑，决不可以己之名节，佐人之喜怒。

【译文】

官位虽权显贵，但决不能因自己的喜怒而随意处置他人性命；官位虽很低微，但决不可拿自己的名节来迎合上级的喜怒。

【原文】

听断之官，成心必不可有；
任事之官，成算必不可无。

【译文】

听讼断案的官员，决不能有成见；办理事务的官员，决不能没有已定的计划。

【原文】

无关紧要之票，概不标判，则吏胥无权；
不相交涉之人，概不往来，则关防自密。

【译文】

无关紧要的政令公文，一律不签发，那么下级官员就法滥用职权了；工作时与公务不相干的人员，一律不往来，那么防范自然严密。

【原文】

无辜牵累难堪，非紧要，只须两造对质，保全多少身家；
疑案转移甚大，无确据，便当末减从宽，休养几人性命。

**【译文】**

没有罪却遭到牵连拖累，令人难堪，因此只需把双方当事人传唤来对质，就可以保全多少人的名声和家庭；疑案错综复杂，如果没有确凿证据，就应减等量刑从宽处罚，从而多保全几条人命。

**【原文】**

呆子之患，深于浪子，以其终无转智；
昏官之害，甚于贪官，以其狼藉及人。

**【译文】**

痴呆者给社会带来的危害，要比浪荡子带来的危害深得多，因为痴呆者最终都不会变聪明；昏庸的官员带给社会的危害，要比贪官带来的危害大得多，因为他的昏庸无能，会造成混乱不堪的局面而危害更多的人。

**【原文】**

官肯着意一分，民受十分之惠；

上能吃苦一点，民沾万点之恩。

【译文】

做官之人对百姓多一分关心，百姓就可以得到十分的好处；做官之人能多吃一点苦，百姓就能得到万分的恩惠。

【原文】

礼繁则难行，卒成废阁之书；
法繁则易犯，益甚决裂之罪。

【译文】

礼节烦琐则难以遵行，最后就会像废书那样束之高阁；法律庞杂容易触犯，其危害比死刑更大。

【原文】

善启迪人心者，当因其所明而渐通之，毋强开其所闭；

善移易风俗者，当因其所易而渐反之，毋强矫其所难。

【译文】

善于开导百姓的人，应当采取百姓容易明白的方式，渐渐地使他们想通，切勿强迫百姓接受他的观点；善于移风易俗的人，应当按照百姓容易接受的形式，慢慢地使他们改变，切勿强制百姓改变难改的风俗习惯。

【原文】

非甚不便于民，且莫妄更；

非大有益于民，则莫轻举。

【译文】

不是非常不利于老百姓的法令，暂且不要乱改；不是非常有益于老百姓的事情，不要易施行。

【原文】

情有可通，莫将旧有者过裁抑，以生寡恩之怨；

事在得已，莫将旧无者妄增设，以开多事之门。

【译文】

于情于理都说得通，就不要将原有的制度过分地裁减或抑制，以免因不近人情而招致怨恨；事情能够解决，就不要随便增设新的机构，可免生许多事端。

【原文】

为前人者，无干誉矫情，立一切不可常之法，以难后人；

为后人者，无矜能露迹，为一朝即改革之政，以苦前人。

【译文】

作为前人，不要为了沽名钓誉和标新立异，去制定一些难以执行的法令，以免为难后人；作为后人，不要为了自夸其才和自显其能，去施行短时间即须改革的政令，以免前人痛苦。

【原文】

事在当因，不为后人开无故之端；
事在当革，无使后人长不救之祸。

【译文】

应当沿袭的制度就应该沿袭，不要为后人开随意更改制度的先河；应当改革的陋规就一定要改革，不要给后人留下不可补救的祸患。

【原文】

利在一身勿谋也，利在天下者谋之；
利在一时勿谋也，利在万世者谋之。

【译文】

不应只做对自己有利的事，而应为天下的百姓谋利；不应只为百姓谋眼前的福利，而应该为百姓谋长久的福利。

【原文】

莫为婴儿之态，而有大人之器。
莫为一身之谋，而有天下之志。
莫为终身之计，而有后世之虑。

【译文】

不要做出小孩子的姿态，而要有大人的器量。不要只为自身谋划，而要有为天下百姓谋划大志。不要只为自己一生打算，而要为子孙后代的长远利益考虑。

【原文】

用三代以前见识，而不失之迂；

就三代以后家数，而不邻于俗。

【译文】

灵活运用夏商周三代以前的道理见识，而不要陷入迂腐的境地；创造性学习夏商周三代以后的方略，而不要落入世俗的窠臼。

【原文】

大智兴邦，不过集众思；
大愚误国，只为好自用。

【译文】

有大智慧的人能够振兴国家，不过是他们善于集思广益罢了；愚蠢透顶的人定会给国家带来灾难，只因为他们喜欢刚愎自用。

【原文】

吾爵益高，吾志益下；
吾官益大，吾心益小；
吾禄益厚，吾施益博。

【译文】

我的地位越高，我的志向便越小；我的官职越大，我的心思便越少；我的俸禄越多，我的施舍便越广。

【原文】

安民者何？无求于民，则民安矣；
察吏者何？无求于吏，则吏察矣。

【译文】

如何使百姓安乐呢？不要对百姓横征暴敛，那么百姓自然就安乐了；如何监督官吏呢？不要向官吏索要钱物，那么官吏的好坏就可以考察清楚了。

【原文】

不可假公法以报私仇，不可假公法以报私德。
天德只是个无我，王道只是个爱人。

【译文】

不能利用国家法律来报个人仇怨，不能利用国家法律来报个人恩德。公德在于无私忘我，王道仁政在于爱民。

【原文】

惟有主，则天地万物自我而立；
必无私，斯上下四旁咸得其平。

【译文】

只有有主见，那么天地万物才能为我所用；必须无私心，那么周围左右都会和平共处。

【原文】

治道之要，在知人。君德之要，在体仁。
御臣之要，在推诚。用人之要，在择言。
理财之要，在经制。足用之要，在薄敛。
除寇之要，在安民。

【译文】

治理国家的关键在于知人善任。君王德行的关键在于体现仁爱之心。驾驭臣下的关键在于以诚相见。用人的关键在于善于纳谏。理财的关键在于完善国家制度。国家财用富足的关键在于减轻赋税。铲除匪盗的关键在于安定百姓。

【原文】

未用兵时，全要虚心用人；
既用兵时，全要实心活人。

【译文】

不打仗的时候，要虚怀若谷、广纳贤才；到了打仗的时候，就要珍爱生命，尽量减少人员伤亡。

【原文】

天下不可一日无君，故夷齐非汤武，
明臣道也，不然，则乱臣接踵而难为君。
天下不可一日无民，故孔孟是汤武，
明君道也，不然，则暴君接踵而难为民。

【译文】

国家不能一天没有君主，因此伯夷、叔齐指责商汤、周武王，是明白为臣子的本分，如果不这样的话，乱臣贼子就会接踵而来，国君就难当了。国家不能一天没有百姓，因此孔子、孟子都肯定商汤和周武王，是明白为君王的职责，如果不这样的话，像夏桀、商纣这样的暴君就会接踵而来，百姓就受苦了。

**【原文】**

庙堂之上，以养正气为先；
海宇之内，以养元气为本。

**【译文】**

在朝廷上，应把培养正气放在首位；四海内，要以养护百姓民力为根本。

**【原文】**

人身之所重者元气，国家之所重者人才。

**【译文】**

人身上最重要的是精神；一个国家最重要的是人才。

# 惠言类

忠诚、勤俭、谨慎、宽厚、忍让、谦虚、圆通、慈悲等是美好的品性。具有众多美好品性的人，被称为圣人、贤士、君子、明君、忠臣、孝子。他们维系着天地之纲常，是天下人的命根。喜欢行善积德的人能逢凶化吉、益寿延年、家世昌隆、子孙兴旺。怎样修身养性，培养自己广泛的兴趣爱好，多谈艺术、山水、因果，使自己处于清心寡欲、知足常乐的状态中；怎样行善积德，奉亲、救贫、济饥饿、庇孤寒，有钱出钱、有力出力、有权用权，著书立说，以教化后人。本篇着重讲行善积德的好处，进一步介绍修身立德的方法。

**【原文】**

圣人敛福，君子考祥；作德日休，为善最乐。

**【译文】**

圣人积聚福气，君子长寿吉祥；施恩德天天有福，做善事最为快乐。

**【原文】**

开卷有益，作善降祥。

**【译文】**

只要读书，就有收获；只要为善，就得吉祥。

【原文】

崇德效山，藏器学海。群居守口，独坐防心。

【译文】

要有高山一般崇高的德行，要有大海那样宽大的器量。很多人在一起时，说话一定要谨慎小心；个人独处时，一定要慎防邪念。

【原文】

知足常乐，能忍自安。

【译文】

知道满足的人，经常快乐；能够忍让的人，自然平安。

【原文】

穷达有命，吉凶由人。

【译文】

人生的失意与得志是由命运决定的；每个人的吉凶祸福都是自己造成的。

【原文】

以镜自照见形容，以心自照见吉凶。

【译文】

拿镜子照自己，可以看到自己的形体面容；拿心性进行自我剖析，可以预见自己的祸福吉凶。

【原文】

善为至宝，一生用之不尽；

心作良田，百世耕之有余。
世事让三分，天空地阔；
心田培一点，子种孙收。

**【译文】**

善良是最珍贵的宝物，一旦拥有终生用之不尽；以心灵作良田，子孙世代都受益无穷。凡事能退让一步，反觉得天地是那么的广阔；时常注意在心里多培养一份善良，子孙后代都会收获福气。

**【原文】**

要好儿孙，须方寸中放宽一步；
欲成家业，宜凡事上吃亏三分。

**【译文】**

要使儿孙幸福平安，就得心胸宽广；要使家业兴旺发达，就得遇事忍让三分。

**【原文】**

留福与儿孙，未必尽黄金白镪；
种心为产业，由来皆美宅良田。

【译文】

给子孙留下福分，未必全要是黄金白银；将修养身心作为事业，历来都会得到良田美宅。

【原文】

存一点天理心，不必责效于后，子孙赖之；
说几句阴骘话，纵未尽施于人，鬼神鉴之。

【译文】

心存一点天理良心，不一定要求立即见效，子孙自然会从中受益；说几句积德的话，即使没有完全施惠于人，鬼神自然能察觉。

【原文】

非读书，不能入圣贤之域；
非积德，不能生聪慧之儿。

【译文】

如果不读书，就不能进入圣贤的行列；如果不积德，就不能生养聪慧的儿女。

【原文】

多积阴德，诸福自至，是取决于天。
尽力农事，加倍收成，是取决于地。
善教子孙，后嗣昌大，是取决于人。
事事培元气，其人必寿；
念念存本心，其后必昌。

【译文】

多积德行善，各种福气自然就来了，这是由上天安排的。尽力搞好农事，自然就有丰厚的收成，这是由大地决定的。好好地教育子孙，后代自然会兴旺发达，这是由人决定的。凡事都注意养护精神，必定长寿；每个念头都以善心为本，后代必然兴旺昌盛。

【原文】

勿谓一念可欺也，须知有天地鬼神之鉴察。
勿谓一言可轻也，须知有前后左右之窃听。
勿谓一事可忽也，须知有身家性命之关系。
勿谓一时可逞也，须知有子孙祸福之报应。

【译文】

不要有一点欺骗别人的想法，要知道有天地鬼神时刻在监视着。不要以为可以乱说一句话，要知道前后左右时刻有人在偷听。不要以为可以粗心对待一件小事，要知道它往往会关系到自身和全家的性命。不要以为可以逞一时之快，要知道这样会使子孙后代遭到报应。

【原文】

人心一念之邪，而鬼在其中焉，因而欺侮

之，播弄之，昼见于形象，夜见于梦魂，必酿其祸而后已。故邪心即是鬼，鬼与鬼相应，又何怪乎！

人心一念之正，而神在其中焉，因而鉴察之，呵护之，上至于父母，下至于儿孙，必致其福而后已。故正心即是神，神与神相亲，又何疑乎！

【译文】

人的心中只要有一丝邪念，鬼就存于他心中，于是鬼就会欺负你、捉弄你，让你白天精神恍惚，晚上恶梦不断，必定要酿成祸事才作罢。所以，邪恶的念头就是魔鬼，魔鬼和魔鬼是相互呼应的，这又有什么奇怪的呢？

人的心中只要有一点刚正的念头，于是神明便在你心中了，进而监督你、保护你，上到父母，下到子孙必赐给他们幸福才作罢。所以心中刚正就是神明，神明与神明是相亲的，这又有什么可怀疑的呢！

【原文】

终日说善言，不如做了一件；
终身行善事，须防错了一件。
物力艰难，要知吃饭穿衣，谈何容易！
光阴迅速，即使读书行善，能有几多？

【译文】

每天说好话，不如做一件好事；一生都做善事，要防止做错一件事。劳动艰难，要知道吃饭穿衣，哪会那么容易？光阴很快过去，即使你不停地读书做善事，又能做多少呢？

【原文】

只字必惜，贵之根也；粒米必珍，富之源也。

片言必谨，福之基也；微命必护，寿之本也。

【译文】

一个字都得爱惜，这是高贵的根本；一粒米都得珍惜，这是富裕的源泉。再简短的话都得小心地说，这是福分的基础；再卑微的生命都得爱护，这是长寿的本源。

【原文】

作践五谷，非有奇祸，必有奇穷；
爱惜只字，不但显荣，亦当延寿。

【译文】

糟蹋粮食，即使没有突如其来的灾祸，也注定会非常贫穷；爱惜知识，不但能得到荣华富贵，也能益寿延年。

【原文】

茹素，非圣人教也；好生，则上天意也。

【译文】

吃素不是圣人教导的内容；但爱惜生灵却是上天的旨意。

【原文】

仁厚刻薄，是修短关。谦抑盈满，是祸福关。
勤俭奢惰，是贫富关。保养纵欲，是人鬼关。

【译文】

仁厚或者刻薄，是人寿命长短的关键所在。谦虚或者自满是人有福有祸的关键所在。勤俭或者奢惰，是人有贫富差别的关键所在。保

养或者纵欲，是人是生是死的关键所在。

【原文】

造物所忌，曰刻曰巧；
万类相感，以忠以诚。
做人无成心，便带福气；
做事有结果，亦是寿征。

【译文】

大自然忌讳刻意和取巧；万物凭忠心和诚意互相感应。做人没有成见，就会带来福气；做事有始有终，也是长寿的象征。

【原文】

执拗者福轻，而圆通之人，其福必厚；
急躁者寿夭，而宽宏之士，其寿必长。

【译文】

固执的人福分少，而处事灵活的人福分就多；急躁的人寿命短，而宽宏大量的人寿命就长。

【原文】

谦卦六爻皆吉，恕字终身可行。

【译文】

谦卦的六爻都是吉祥之语,“恕”字的含义终生都可奉行。

【原文】

作本色人,说根心话,干近情事。

【译文】

做真实的自我,说真心的话语,做合情合理的事。

【原文】

一点慈爱,不但是积德种子,亦是积福根苗,试看哪有不慈爱底圣贤?

一念容忍,不但是无量德器,亦是无量福田,试看哪有不容忍底君子?

【译文】

一点慈爱之心,不仅是积累道德的种子,也是积累福气的幼苗,请看哪有无慈爱之心的圣贤?一个容忍的念头,不仅是德行气度的广大,也是培养福气的广大。请看哪有无容忍之性的君子?

【原文】

好恶之念,萌于夜气,息之于静也;

恻隐之心,发于乍见,感之于动也。

【译文】

善恶的念头,在阑更深中萌生,在安静中生长;怜悯的念头,在突然见到的那一瞬间产生,在行动中受到感发。

【原文】

塑像栖神，盍归奉亲；
造院居僧，盍往救贫。

【译文】

雕塑佛像、供奉神灵，还不如回家去奉养双亲？建造寺院、供养僧人，还不如去救济贫苦百姓？

【原文】

费千金而结纳势豪，孰若倾半瓢之粟，以济饥饿；

构千楹而招来宾客，何如葺数椽之茅，以庇孤寒。

悯济人穷，虽分文升合，亦是福田；
乐与人善，即只字片言，皆为良药。

【译文】

花费大量金钱去结交有权有势的人，哪里比得上拿出半瓢粮食去救济饥饿的人；修建大片豪宅招来贵宾佳客，哪里比得上修数间茅屋以庇护贫寒的人。怜悯救济穷人，即使钱粮不多，也能够带来福气；助人为乐，即使话语不多，都是对人有用的好话。

【原文】

谋占田园，决生败子；尊崇师傅，定产贤郎。

【译文】

一心谋划广置田园，一定会生养出败家子；尊敬老师重视教育，一定会培养出好儿郎。

【原文】

平居寡欲养身，临大节则达生委命；
治家量入为出，干好事则仗义轻财。

【译文】

平时生活中清心寡欲保养身体，面临关系重大的事情时，就要淡然应对，应命运安排；管理家事要根据收入决定支出，做好事时，要讲究道义，决不吝惜钱财。

【原文】

善用力者就力，善用势者就势，
善用智者就智，善用财者就财。

【译文】

善用力量的人就要用好自己的力量；善用时势的人，就要运用好时势；善用智慧的人，就要充分运用聪明才智；善用钱财的人，就要运用好家中的钱财。

【原文】

身世多险途，急需寻求安宅；
光阴同过客，切莫汩没主翁。

【译文】

人生道路上有许多险恶，急需寻找安身立命之处；时间如同匆匆过客，千万别埋没了自己。

【原文】

莫忘祖父积阴功，须知文字无权，全凭阴骘；

最怕生平坏心术，毕竟主司有眼，如见心田。

**【译文】**

不要忘了祖先积下的阴德，要知道科考是否顺利，文字不起太大作用，主要靠祖先积下的阴德；人最怕心术不正，毕竟主考官的眼睛终归是雪亮的，就好像能看透人心。

**【原文】**

天下第一种可敬人，忠臣孝子；
天下第一种可怜人，寡妇孤儿。
孝子百世之宗；仁人天下之命。

**【译文】**

天下最值得敬佩的人，是忠臣和孝子；天下最值得同情的人，是寡妇和孤儿。孝子可尊奉为百代的宗师；有德行的人是天下人的根本。

**【原文】**

形之正，不求影之直而影自直；
声之平，不求响之和而响自和；
德之崇，不求名之远而名自远。

**【译文】**

身体端正，不刻意要求影子直，而影子自然会直；声音平和，不刻意要求回响谐调，而回响自然谐调；品德崇高，不刻意要求声名远播，而声名自然传得很远。

**【原文】**

有阴德者，必有阳报；有隐行者，必有昭名。

【译文】

暗暗积德的人，一定会获得看得见的回报；暗地里做好事的人，必定会得到显著的名声。

【原文】

施必有报者，天地之定理，仁人述之以劝人；
施不望报者，圣贤之盛心，君子存之以济世。

【译文】

向他人施舍恩惠和会获得回报，这是天地间不变的道理，有德之人以此劝导别人戒恶行善；向他人施舍恩惠而不图回报，这是圣人们博大的胸怀，君子心存这种胸怀来帮助世人。

【原文】

面前的道路要放得宽，使人无不平之叹；
身后的惠泽要流得远，令人有不匮之思。

【译文】

处理面前的情况眼界要放宽些，使他人不要对你产生命运不公的叹息；留给后世的恩泽要绵延持续得长久些，使后人对你有不尽的思念。

【原文】

不可不存时时可死之心，
不可不行步步求生之事。
作恶事，须防鬼神知；干好事，莫怕旁人笑。

【译文】

要有随时可能死去的思想准备，也要做到力求生存的事情。做坏事，要提防鬼神知道；干好事，不要害怕旁人嘲笑。

**【原文】**

吾本薄福人，宜行惜福事；
吾本薄德人，宜行积德事。
薄福者必刻薄，刻薄则福愈薄矣；
厚福者必宽厚，宽厚则福益厚矣。

**【译文】**

我本是福分少的人，应做珍惜福分的事；我本是德行少的人，应做积德的事。福分少的人必定为人刻薄，而越是刻薄则福分越少；福分多的人必定为人宽厚，而越是宽厚则福分越多。

**【原文】**

有工夫读书，谓之福。有力量济人，谓之福。

有著述行世，谓之福。有聪明浑厚之见，谓之福。

无是非到耳，谓之福。无疾病缠身，谓之福。

无尘俗撄心，谓之福。无兵凶荒歉之岁，谓之福。

**【译文】**

有时间读书，叫做有福气。有力量帮助别人，叫做有福气。有著作传世，叫做有福气。有聪明质朴的见识，叫做有福气。没有是非牵累，叫做有福气。没有疾病缠身，叫做有福气。没有俗事扰心，叫做有福气。没有战乱和荒年的岁月，叫做有福气。

【原文】

从热闹场中，出几句清冷言语，便扫除无限杀机。

向寒微路上，用一点赤热心肠，自培植许多生意。

【译文】

在混乱复杂的场合中，说几句客观冷静的话，就能化解许多积怨和仇恨。对待贫寒低微的人，多付出一点爱心，自然就能多培植许多生机。

【原文】

入瑶树琼林中皆宝，有谦德仁心者为祥。

【译文】

进入美玉成林的地方遍地都是宝物；有谦虚美德、仁爱之心的人一生都会平安吉祥。

【原文】

谈经济外，宁谈艺术，可以给用；
谈日用外，宁谈山水，可以息机；
谈心性外，宁谈因果，可以劝善。

【译文】

在谈论经世济民的国家政策以外，还可谈论六艺以及术数方技等各种实用技能，因为这些可以供给备用；在谈论日常生活外，还可谈论山水自然，可以去除心机诡诈；除谈心性外，还可谈谈因果报应，可以劝人为善。

【原文】

艺花可以邀蝶，垒石可以邀云，栽松可以邀风，植柳可以邀蝉，贮水可以邀萍，筑台可以邀月，种蕉可以邀雨，藏书可以邀友，积德可以邀天。

【译文】

养花可以招来蝴蝶，堆石可以招来云雾，栽松树可以招来清风，种柳树可以引来鸣蝉，蓄水可以引来浮萍，筑高台可以观赏明月，种芭蕉可以听到雨声，收藏图书可以引来朋友，积累功德可以得到上天保佑。

【原文】

作德日休，是谓福地；居易俟命，是谓洞天。

【译文】

行善积德每天不停止，这叫进入了幸福安乐的处所；顺其自然、安天乐命，这就叫做达到了神仙的境界。

【原文】

心地上无波涛，随在皆风恬浪静；
性天中有化育，触处见鱼跃鸢飞。

【译文】

只要心境平和，那么所到之处都是风平浪静；只要性格得到教化培育，那么遇到什么事都能自得其乐。

【原文】

贫贱忧戚，是我分内事，当动心忍性，静以

俟之，更行一切善，以斡转之；

富贵福泽，是我分外事，当保泰持盈，慎以守之，更造一切福，以凝承之。

【译文】

贫贱忧愁是我自己的事，应当想办法克制自己，静静地等候时机的到来，更应要做一切能做的善事就做，以此改变命运；富贵福泽，不是由我决定的事，应当保持安定兴盛的局面，谨慎加以守护，更要尽自己所能造福后人，使富贵福泽长久地继承下去。

【原文】

世网哪能跳出，但当忍性耐心，自安义命，即网罗中之安乐窝也；

尘务岂能尽捐，惟不起炉作灶，自取纠缠，即火坑中之清凉散也。

【译文】

社会对人的种种束缚，哪能跳得出来？只应有所忍耐，安守本分，就是尘世中的安乐窝；世间繁杂事务，哪能全部抛弃？只要不另起炉灶，自取烦恼，就是火坑中的一服清凉剂。

【原文】

热不可除，而热恼可除，秋在清凉台上；

穷不可遣，而穷愁可遣，春生安乐窝中。

【译文】

炎热不可消除，但因炎热产生的烦恼可以消除，清凉的秋意来自于心中的清凉台;穷困无法排遣,但因穷困产生的忧愁可以排遣,温暖的春意产生于心中的安乐窝。

**【原文】**

富贵贫贱,总难称意,知足即为称意;
山水花竹,无恒主人,得闲便是主人。

**【译文】**

富贵贫贱,总有不如意的地方,若能知足就能称心如意;山水花竹,没有永久不变的主人,只要有闲情去观赏就是主人。

**【原文】**

要足何时足,知足便足;
求闲不得闲,偷闲即闲。

**【译文】**

想要满足,何时才能心满意足?明白知足常乐的道理后,才能心满意足;想要清闲,可永远也不得清闲,只有学会忙里偷闲,才能安闲自在。

**【原文】**

知足常足,终身不辱;知止常止,终身不耻。

**【译文】**

知足就会常常感到满足,一生不会受到羞辱;懂得进退的道理,办事经常留有余地、适可而止,一生不会蒙受羞耻。

**【原文】**

急行缓行,前程总有许多路;

逆取顺取，命中只有这般财。

【译文】

快走慢走，前方总有许多的路要走；无论是不该得的还是应该得的，命中属于你的只有这么多。

【原文】

理欲交争，肺腑成为吴越；
物我一体，参商终是弟兄。

【译文】

公理与私欲互相争斗，至爱亲朋都会成为冤家仇人；外物与我融为一体，天涯海角终能成为亲密弟兄。

【原文】

以积货财之心积学问，以求功名之心求道德，以爱妻子之心爱父母，以保爵位之心保国家。

【译文】

像积聚货财那样积累学问，像求取功名那样追求道德，像爱护妻子儿女那样来关爱父母，像保住官职那样来保卫国家。

【原文】

移作无益之费以作有益，则事举；
移乐宴乐之时以乐讲习，则智长；
移信异端之意以信圣贤，则道明；
移好财色之心以好仁义，则德立；
移计利害之私以计是非，则义精；

移养小人之禄以养君子，则国治；
移输和戎之赀以输军国，则兵足；
移保身家之念以保百姓，则民安。

**【译文】**

把花在没有意义事情上的钱用于做有意义的正事，那么事业就会成功；把沉湎于宴饮作乐的时间用在乐于钻研学问上，那么智慧就能增长；把迷信异端邪说的思想用于信仰圣贤之道上，那么道理就能弄明白；把喜欢金钱美色的心思用在推崇仁义上，那么道德节操就能树立；把计较个人利害的私心用于判断是非上，那么对道义就精通了；把供养奸佞小人的俸禄用于奉养君子上，那么国家就能安定；把送给外族求和的资财用于保家卫国上，那么就会兵强马壮；用保护身家性命的心思来保护人民，那么人民就会安居乐业。

**【原文】**

做大官底，是一样家数；
做好人底，是一样家数。

**【译文】**

做大官有做大官的信条；做好人有做好人的原则。

**【原文】**

潜居尽可以为善，何必显宦！躬行孝弟，志在圣贤。纂述先哲格言，刊刻广布，行见化行一时，泽流后世，事业之不朽，蔑以加焉；

贫贱尽可以积福，何必富贵！存平等心，行方便事，效法前人懿行，训俗型方，自然谊敦宗族，德被乡邻，利济之无穷，孰大于是。

【译文】

在家隐居也完全可以做善事，何必一定要官位显赫！要力行孝敬父母、友爱兄弟，立志成为圣人先贤那样的人，编纂先哲的格言著述，加以刊刻出版使之广为流传，虽只教化一时，但惠泽却可流芳后世，这便是不朽的事业，再没有什么能超过的了。

即使处于贫贱的境况，也完全可以积累福分，没有必要等到荣华富贵的时候。内心永远保持平等待人的原则，多做与人方便的事，效法前人美好的德行，教导世俗之人以品行方正者为榜样，自然能促进宗族和睦相处，德泽遍及乡邻，做了太多帮助他人的好事，没有什么比这更大的了。

【原文】

一时劝人以口，百世劝人以书。

【译文】

用言语来劝人们戒恶为善，只能达到一时的功效，用书本劝诫人们，则可以泽被百世。

【原文】

静以修身，俭以养德；
入则笃行，出则友贤。

【译文】

用平静修养身心；用勤俭培养德行；在家中行事敦厚踏实；出门在外结交贤良的人。

**【原文】**

读书者不贱，守田者不饥，积德者不倾，择交者不败。

**【译文】**

读书之人品格不会低下，勤于耕作的人不会遭受饥饿，积德行善的人不会因做坏事而倾家，谨慎择友的人不会因结交坏人而失败。

**【原文】**

明镜止水以澄心，泰山乔岳以立身，青天白日以应事，霁月光风以待人。

**【译文】**

要把自己的心性修炼得如同明镜静水般纯洁平静，树立品德要如同泰山般崇高而耸立，处事要像青天白日般光明磊落，待人要像明月清风般胸怀坦荡。

**【原文】**

省费医贫，弹琴医躁，独卧医淫，随缘医愁，读书医俗。

**【译文】**

节省花费可以医治贫困，操弦弹琴可以医治烦躁，独自睡眠可以医治淫欲，随遇而安可以医治忧愁，用心读书可以医治庸俗。

**【原文】**

以鲜花视美色，则孽障自消；
以流水听弦歌，则性灵何害？

【译文】

以欣赏鲜花的态度来对待美色,想到美色也会像鲜花那样凋谢,那么对美色的迷恋就自然消除了;以倾听流水的态度来欣赏音乐,想到音乐也会像流水那样听过即忘,这样对人的性格心灵又有什么危害呢?

【原文】

养德宜操琴,炼智宜弹棋,遣情宜赋诗,辅气宜酌酒,解事宜读史,得意宜临书,静坐宜焚香,醒睡宜嚼茗,体物宜展画,适境宜按歌,阅候宜灌花,保形宜课药,隐心宜调鹤,孤况宜闻蛩,涉趣宜观鱼,忘机宜饲雀,幽寻宜藉草,淡味宜掬泉,独立宜望山,闲吟宜倚楼,清谈宜翦烛,狂啸宜登台,逸兴宜投壶,结想宜欹枕,息缘宜闭户,探景宜携囊,爽致宜临风,愁怀宜伫月,倦游宜听雨,元悟宜对雪,辟寒宜映日,空累宜看云,谈道宜访友,福后宜积德。

【译文】

培养德行应弹琴,锻炼心智应下棋,抒发情感应赋诗,维持气氛应饮酒,了解事理应读史书,得意时应临帖书写,静坐时应焚香,睡醒后应喝茶,体察物情应看画,舒适的环境应吟歌,观察气候应浇花,保养身体应进补,宁静内心应逗鹤戏鸟,孤独的时候应静听虫鸣,享受乐趣应观赏游鱼,忘掉功利之心应养鸟,寻访幽静应卧草,品尝滋味应捧泉水喝,一人独立应眺望远山,闲暇吟诗应登高倚楼,晚上清谈应燃烛,对空狂喊应登临高台,有闲情应玩投壶的游戏,想事情应倚枕而卧,断绝往来应闭门不出,探访美景应背包,要想清爽应迎风而立,心情愁闷应站在月光下,厌倦游玩应听雨,心有所悟应对雪,祛除寒气应晒太阳,身心疲惫应抬头看云,谈论事理应访友,得福之后应积德。

# 悖凶类

奸诈、奢侈、放纵、刻薄、蛮横、骄傲、执拗、歹毒等，是丑恶的品性。拥有众多丑恶品性的人被称为盗跖、邪士、小人、暴君、佞臣、逆子。这些人伤风败俗、祸国殃民、荼毒生灵，是人中的渣滓。违情悖理，多行不义的人，必定遭凶罹祸、折福短寿、家道衰败、子孙不肖。本篇可看成是对全书的总结。首先，通过反复列举某些作恶者的嘴脸和下场，主要论述恶有恶报的观点；其次，讲德与恶的分类及其报应的大小、隐显，还讲了善恶的根源与转化等；再次，论述天理与人欲的区别，以及天理与心性之间的关系；最后再一次奉劝人们要修身养性、行善积德。

**【原文】**

富贵家不肯从宽，必遭横祸；
聪明人不肯学厚，必夭天年。

**【译文】**

富贵人家若不愿宽待别人，定会遭意外之灾祸；聪明人不愿忠厚待人，必然会减少寿命。

【原文】

倚势欺人，势尽而为人欺；
恃财侮人，财散而受人侮。

【译文】

倚仗权势欺压别人，一旦权势没了，便会遭别人欺压；仗着自己富有而羞辱别人，一旦钱财散尽便会被人羞辱。

【原文】

暗里算人者，算的是自家儿孙；
空中造谤者，造的是本身罪孽。

【译文】

暗地里算计别人的人，最终算计的是自己的子孙后代；凭空造谣毁谤别人的人，只能加重自身罪孽。

【原文】

饱肥甘，衣轻暖，不知节者损福；
广积聚，骄富贵，不知止者杀身。

【译文】

饱食美味佳肴，身穿绫罗绸缎，而不知节制的人，最终会减损福气；四方积聚财富，因富贵而骄横，不知收敛的人，易遭杀身之祸。

【原文】

文艺自多，浮薄之心也；
富贵自雄，卑陋之见也。

【译文】

夸耀自己的文才，这是浮躁浅薄的表现；自认为大富大贵而骄横奢侈，这是卑劣浅陋的表现。

【原文】

位尊身危，财多命殆。

【译文】

地位显赫的人，易遭人暗算、嫉妒，因而处境危难；积累了大量财富的人，易被人谋财害命，因而生命常常处于危险之中。

【原文】

机者，祸福所由伏，人生于机，即死于机也；
巧者，鬼神所最忌，人有大巧，必有大拙也。

【译文】

所谓“机”，是祸和福共同潜伏的地方，人因“机”而得以生存，也因机而死去；所谓“巧”是鬼神最忌讳的事情，人要是在某一方面有“大巧”，也必会拥有“大拙”。

【原文】

出薄言，做薄事，存薄心，
种种皆薄，未免灾及其身；
设阴谋，积阴私，伤阴骘，
事事皆阴，自然殃流后代。

【译文】

说薄情的话，做薄情的事，存薄情的心，样样都薄情，免不了自身受害；筹划阴谋诡计，不断暗地里做不可告人的事，损害阴德，做任何事都不光明正大，自然会殃及子孙后代。

【原文】

积德于人所不知，是谓阴德，
阴德之报，较阳德倍多；
造恶于人所不知，是谓阴恶，
阴恶之报，较阳恶加惨。

【译文】

在别人不知道的情况下做善事，这叫做“阴德”，阴德的回报比阳德的回报要多得多；在别人不知道的情况下干坏事，这叫做“阴恶”，阴恶的报应比阳恶更加惨重。

【原文】

家运有盛衰，久暂虽殊，消长循环如昼夜；
人谋分巧拙，智愚各别，鬼神彰瘅最严明。

【译文】

家道的兴盛和衰败，时间长短虽不一样，但是盛衰增减循环如同日夜的循环一样；人的谋略有机巧和笨拙，聪明和愚蠢的虽然不同，但鬼神表彰善行、惩罚邪恶最为严厉分明。

【原文】

天堂无路，则已有君子登；
地狱无门，则已有小人入。

**【译文】**

尽管天堂无路，但已有君子登上去了；尽管地狱无门，但已有小人下去了。

**【原文】**

为恶畏人知，恶中冀有转念；
为善欲人知，善处即是恶根。

**【译文】**

做坏事担心别人知道，说明虽坏却有转好的希望；做好事想要别人知道，说明虽好却潜伏着恶的根源。

**【原文】**

谓鬼神之无知，不应祈福；
谓鬼神之有知，不当为非。

**【译文】**

如果认为鬼神不知人间善恶，就不应去祈求福禄；如果认为鬼神知道人间罪恶，就不要去做坏事。

**【原文】**

势可为恶而不为，即是善；
力可行善而不行，即是恶。

**【译文】**

在容易做坏事的情况下却不做坏事，就是善；有能力做好事却不做，就是恶。

【原文】

于福作罪，其罪非轻；于苦作福，其福最大。

【译文】

处于幸福的景况却做坏事，其罪责非常严重；处于困苦的环境而做善事，这种福泽最大。

【原文】

行善如春园之草，不见其长，日有所增；
行恶如磨刀之石，不见其消，日有所损。

【译文】

做好事就像春天花园中的草，虽看不出它的成长，其实它们每天都在往上长；做坏事就像磨刀石，虽看不出它的磨损，其实每天都有损耗。

【原文】

使为善而父母怒之，兄弟怨之，子孙羞之，宗族乡党贱恶之，如此而不为善，可也。

为善则父母爱之，兄弟悦之，子孙荣之，宗族乡党敬信之，何苦而不为善！

使为恶而父母爱之，兄弟悦之，子孙荣之，宗族乡党敬信之，如此而为恶，可也。

为恶则父母怒之，兄弟怨之，子孙羞之，宗族乡党贱恶之，何苦而必为恶！

【译文】

假使做善事会引起父母发怒，兄弟怨恨，子孙感到羞耻，同族乡邻鄙视、厌恶，因而不去做善事，可以理解；倘若做善事使得父母喜爱，兄弟高兴，子孙以你为荣，同族乡邻敬重、信任，何苦不去做善事呢！假使做坏事会引起父母喜爱，兄弟高兴，子孙以你为荣，同族乡邻敬重、信任，因此而做坏事，可以理解；假使做坏事会使得父母发怒，兄弟怨恨，子孙感到羞耻，同族乡邻鄙视、厌恶，何苦一定要做坏事呢！

**【原文】**

为善之人，非独其宗族亲戚爱之，朋友乡党敬之，虽鬼神亦阴相之；

为恶之人，非独其宗族亲戚叛之，朋友乡党怨之，虽鬼神亦阴殛之。

**【译文】**

做善事的人，不仅他的族人亲戚喜欢他、朋友同乡敬佩他，就是鬼神也暗中帮助他；做坏事的人，不仅他的族人亲戚会反对他、朋友同乡怨恨他，就是鬼神也会暗中惩罚他。

**【原文】**

为一善而此心快惬，不必自言，而乡党称誉之，君子敬礼之，鬼神福祚之，身后传诵之；

为一恶而此心愧怍，虽欲掩护，而乡党传笑之，王法刑辱之，鬼神灾祸之，身后指说之。

**【译文】**

做善事内心愉快惬意，不必自己言说，乡邻自然会称誉，君子会心存敬意，鬼神也会降福，死后美名广为传诵；做坏事内心惭愧，虽然想遮掩，乡邻会传为笑谈，法律会惩罚他，上天会降给他灾祸，死后也被人们指指点点。

【原文】

一命之士，苟存心于爱物，于人必有所济；
无用之人，苟存心于利己，于人必有所害。

【译文】

做官的人若有关爱万物之心，就一定会对他人有所帮助；普通百姓如果存有私心，就一定会对他人造成危害。

【原文】

膏粱积于家，而剥削人之糠覈，
终必自亡其膏粱；
文绣充于室，而攘以人之敝裘，
终必自丧其文绣。

【译文】

家中堆满了精美的食物，而去搜刮别人的粗糙食物，最终会失去原有的精美的食物；室内挂满锦被绣服，却抢夺别人的破衣烂衫，最终会失去原有的锦被绣服。

【原文】

天下无穷大好事，皆由于轻利之一念，
利一轻，则事事悉属天理，为圣为贤，从此进基。
天下无穷不肖事，皆由于重利之一念；
利一重，则念念皆违人心，为盗为跖，从此

直入。

【译文】

天下无数令人称道的好事，都是起于轻视自身利益的念头。如果对个人利益看得很轻，那么所有的事情都能处理得符合天理公道，成为圣人君子，就要从轻利开始。天下无数使人深恶痛绝的坏事，都是由于起于过分看重自身利益所致。如果把个人利益看得很重，那么每一种念头都会与众人的意愿相悖，堕落成盗贼，就是从重利开始的。

【原文】

清欲人知，人情之常，今吾见有贪欲人知者矣，朵其颐，垂其涎，惟恐人误视为灵龟而不饱其欲也；

善不自伐，盛德之事，今吾见有自伐其恶者矣，张其牙，露其爪，惟恐人不识为猛虎而不畏其威也。

【译文】

为人清廉而希望别人知道，这是人之常情，但现在我却看到有些人十分贪婪却也不掩饰，鼓动腮帮、流着口水，生怕被人误认为是灵龟神物，而不满足他的贪欲；善良而不自夸，这是道德高尚的表现，但现在我看到有些夸耀自己恶行的人，他们张牙舞爪、面目狰狞，唯恐别人不知道他是猛虎豺狼，而不畏惧他的威势。

【原文】

以奢为有福，以杀为有禄，以淫为有缘，以诈为有谋，以贪为有为，以吝为有守，以争为有气，以嗔为有威，以赌为有技，以讼为有才。

【译文】

把奢侈浪费当作有福气，把掌握生杀予夺之权当作有权力，把淫乱放荡看成艳福缘分，把虚伪狡诈当作有谋略，把贪财受贿当作大有作为，把吝啬成性当作守护家业，把争强好胜当作有勇气，把疯狂嗔怒当作威风凛凛，把赌博恶习当作有技艺，把诉讼争辩当作有才华。

【原文】

谋馆如鼠，得馆如虎，鄙主人而薄弟子者，塾师之无耻也。

卖药如仙，用药如颠，贼人命而诿天数者，医师之无耻也。

觅地如瞽，谈地如舞，矜异传而谤同道者，地师之无耻也。

【译文】

谋教书职务时，像老鼠一般胆小；已谋得教书职位后，又像老虎一样凶狠；既鄙视主人又怠慢学生，这是作为私塾老师最无耻的行为。卖药时，吹嘘自己似神仙包医百病；用药时，却张冠李戴、随心所欲像疯子一样；伤人性命却将责任推脱为天数命理，这是作为医生最无耻行为。觅风水宝地时，像瞎子算命一样振振有词；谈论风水时，像跳舞一样指手画脚；夸耀自己得到真传而毁谤贬损同行，这是作为风水先生最无耻的行为。

【原文】

不可信之师，勿以私情荐之，使人托以子弟。

不可信之医，勿以私情荐之，使人托以生命。
不可信之堪舆，勿以私情荐之，使人托以先骸。
不可信之女子，勿以私情媒之，使人托以宗嗣。

**【译文】**

对于不值得信任的教师，不要因为个人的交情去推荐他，使别人把子弟的命运托付给他。对于不可信任的医师，不要因为私人的交情去推荐他，使别人把生命托付给他。对于不可信任的风水先生，不要因为私人的交情去推荐他，使别人把祖先的遗骸托付给他。对于不可信任的女子，不要因为私人的交情给她说媒，使别人把传宗接代的任务托付给她。

**【原文】**

肆傲者纳侮，讳过者长恶。
贪利者害已，纵欲者戕生。

**【译文】**

肆意傲慢的人会遭来侮辱，回避过错的人会助长罪恶。贪图私利的人最终害己，放纵欲念的人会戕害自己的生命。

**【原文】**

鱼吞饵，蛾扑火，未得而先丧其身。
猩醉醴，蚊饱血，已得而随亡其躯。
鹚食鱼，蜂酿蜜，虽得而不享其利。
欲不除，似蛾扑灯，焚身乃止。
贪不了，如猩嗜酒，鞭血方休。

**【译文】**

游鱼吞食诱饵，飞蛾扑向灯火，还没得到利益首先就丢掉了性命。

猩猩喝醉酒，蚊子吸饱血，得到了利益，生命也跟着走向尽头。鸬鹚吃鱼，蜜蜂酿蜜，虽然得到利益，却不能享受利益。人若不消除欲望，就会像飞蛾扑火，直到烧死才停止。人若不消除贪欲，就会像猩猩贪酒，直到被鞭打出血才肯罢休。

**【原文】**

明星朗月，何处不可翱翔？而飞蛾独趋灯焰；

嘉卉清泉，何物不可饮啄？而蝇蚊争嗜腥膻。

**【译文】**

明月当空、星光闪烁的夜晚，有什么地方不可以飞翔？但飞蛾偏偏要扑向灯火；花朵芳香、泉水清澈的大自然，有什么东西不可以吃喝？但蚊子、苍蝇却偏偏要争食腥臭之物。

**【原文】**

飞蛾死于明火，故有奇智者，必有奇殃；

游鱼死于芳纶，故有善嗜者，必有美毒。

**【译文】**

飞蛾死于明亮的火光，所以特别聪明的人，一定有特别的祸殃；游鱼死于芳香的诱饵，因此贪食美味的人，必定遭到美味的毒害。

**【原文】**

慨夏畦之劳劳，秋毫无补；

笑冬烘之贸贸，春梦方回。

【译文】

感慨那些奔波劳苦之人，到头来对生活毫无帮助；可笑那些迂腐浅陋、昏庸糊涂的人，只有大梦初醒才能回到现实。

【原文】

吉人无论处世平和，即梦寐神魂，无非生意；
凶人不但做事乖戾，即声音笑貌，浑是杀机。

【译文】

善良的人，不但处世平和，即使在睡梦之中，都充满着好生之意；凶恶的人，不但做事违背情理，即使在言语神态之间，都充满杀机。

【原文】

仁人心地宽舒，事事有宽舒气象，故福集而庆长；

鄙夫胸怀苛刻，事事以苛刻为能，故禄薄而泽短。

【译文】

有仁爱之心的人，心胸宽广，凡事都有宽厚平和的气度，所以福气积聚、吉庆长久；鄙陋之人，心胸狭窄，凡事都斤斤计较，所以福薄且恩泽短暂。

【原文】

充一个公己公人心，便是吴越一家；
任一个自私自利心，便是父子仇雠。

【译文】

如果胸中怀有对人对己都公正的心，即使是仇敌也会变得亲如一家；如果胸中怀有自私自利的心，即使父子也会变为仇敌。

【原文】

理以心为用，心死于欲则理灭，如根株斩而本亦坏也；

心以理为本，理被欲害则心亡，如水泉竭而河亦干也。

【译文】

天理以人心为基础，心若死于欲望，那么天理也随之灭绝了，就像树木被折断了枝干，便会枯亡一样；人心以天理为根本，天理被欲念所害，那么心也就死了，就像泉水枯竭，河流便会干涸一样。

【原文】

鱼与水相合，不可离也，离水则鱼槁矣。

形与气相合，不可离也，离气则形坏矣。

心与理相合，不可离也，离理则心死矣。

【译文】

鱼与水相结合，不可分离，离开了水，鱼就会干枯死去。身体与元气相结合，不可分离，离开了元气，身体就会死亡。人心与天理相结合，不可分离，离开了天理，人心就等于死亡。

【原文】

天理是清虚之物，清虚则灵，灵则活；

人欲是渣滓之物，渣滓则蠢，蠢则死。

**【译文】**

天理是清明虚空的事物，因为清明虚空便有灵性，有灵性便有了生命；人欲是肮脏的事物，因为肮脏便有了愚蠢，愚蠢就导致了死亡。

**【原文】**

毋以嗜欲杀身，毋以货财杀子孙，毋以政事杀百姓，毋以学术杀天下后世。

**【译文】**

不要因为嗜好和欲望而伤害身体，不要因为货物钱财而贻害子孙，不要因为政事而危害百姓，不要借学术之名而遗祸后世。

**【原文】**

毋执去来之势而救权，毋固得丧之位而为宠，毋恃聚散之财而为利，毋认离合之形而为我。

**【译文】**

不要依靠来去不定的势力而谋求权力，不要为了稳固易得易失的官位而求取恩宠，不要依恃聚散不定的钱财而追逐利益，不要把离合不定的肉体当成自我。

**【原文】**

贪了世味的滋益，必招性分的损；
讨了人事的便宜，必吃天道的亏。

**【译文】**

贪图世俗的享受，必然招致心性的损伤；占了人事上的便宜，必定要吃天理的大亏。

【原文】

精工言语，于行事毫不相干；
照管皮毛，与性灵有何关涉。

【译文】

巧妙的言语，对踏实做事毫无益处；照料管理皮毛小事，与修养身心有何关联？

【原文】

荆棘满野，而望收嘉禾者愚；
私念满胸，而欲求福应者悖。

【译文】

田野长满荆棘，却希望大获丰收的人是愚蠢的；胸中充满私欲，却要求上天赐福的人与情理相悖。

【原文】

庄敬非但日强也，凝心静气，觉分阴寸晷，倍自舒长；
安肆非但日偷也，意纵神驰，虽累月经年，亦形迅驶。

【译文】

庄重恭敬地对待生活，不但使人每天强健，平心静气，觉得每寸光阴都舒缓绵长；安逸放纵地过日子，不仅使人日渐衰落，而且胡思乱想、心猿意马，干不成大事，即使经过许多年月，也像是白驹过隙般迅疾。

【原文】

自家过恶自家省，待祸败时，省已迟矣；
自家病痛自家医，待死亡时，医已晚矣。

【译文】

对自己的过失错误要及时进行反省，等到灾祸和失败来临时再反省就迟了；对待自己的疾病痛痒要及时医治，等到死亡的时候再医治就晚了。

【原文】

多事为读书第一病。
多欲为养生第一病。
多言为涉世第一病。
多智为立心第一病。
多费为作家第一病。

【译文】

事情太多是读书最大的毛病。欲望过多是养生最大的毛病。说话太多是立身处世最大的毛病。心眼多、城府深是树立准则最大的毛病。奢侈浪费是持家最大的毛病。

【原文】

今之用人，只怕无去处，不知其病根在来处；
今之理财，只怕无来处，不知其病根在去处。

【译文】

现今任用官员，只担心没有合适的位置安排，却不知道问题在于当初选拔时没有严格把关；现今管理财务，只担心没有收入财源，却不知道问题在于开支使用不合理。

【原文】

贫不足羞，可羞是贫而无志；
贱不足恶，可恶是贱而无能；
老不足叹，可叹是老而无成；
死不足悲，可悲是死而无补。

【译文】

贫穷并不值得羞愧，值得羞愧的是既贫穷又胸无大志；卑贱并不值得憎恶，值得憎恶的是既卑贱又平庸无能；年老并不值得叹息，值得叹息的是年老而又一事无成；死亡并不值得悲伤，可悲的是死得毫无价值。

【原文】

事到全美处，怨我者难开指摘之端；
行到至污处，爱我者莫施掩护之法。

【译文】

做事达到十分完美的程度，即使怨恨我的人也难找到指责我的借口；品行到了污秽不堪的地步，即使爱护我的人也没法施展遮掩我的办法。

【原文】

衣垢不湔，器缺不补，对人犹有惭色；
行垢不湔，德缺不补，对天岂无愧心？

【译文】

衣服脏了不去清洗，器物缺损了不去修补，面对别人尚有惭愧的神色；品行败坏了不去洗刷，道德有缺失而不去弥补，面对上天，难道没有羞愧之心吗？

【原文】

供人欣赏，侪风月于烟花，是曰亵天；
逞我机锋，借诗书以戏谑，是名侮圣。

【译文】

靠写烟花柳巷的风月之事供人欣赏，这是亵渎上天；借作诗词书文开玩笑来显示话语的机智深刻，这是侮辱圣贤。

【原文】

罪莫大于亵天，恶莫大于无耻，过莫大于多言。

【译文】

最大的罪过恶行莫过于亵渎上天，最大的罪恶莫过于不知廉耻，最大的过失莫过于多嘴多舌。

【原文】

言语之恶，莫大于造诬。
行事之恶，莫大于苛刻。
心术之恶，莫大于深险。

【译文】

在言语方面，最大的罪恶就是造谣诬陷。在行事方面，最大的罪恶就是刻薄严厉。在心术方面，最大的罪恶就是深沉阴险。

【原文】

谈人之善，泽于膏沐；暴人之恶，痛于戈矛。

【译文】

谈论别人的善行，让人感到比沐浴还要滋润舒适；暴露他人的过错，让人感到比用刀割还要疼痛难受。

【原文】

当厄之施，甘为时雨；伤心之语，毒于阴冰。

【译文】

当他人处于危难之际施予恩惠，就如及时雨般甘甜；伤害人心的话，比冰块还要阴冷。

【原文】

阴恶积雨之险奇，可以想为文境，不可设为心境；

华林映日之绮丽，可以假为文情，不可依为世情。

【译文】

阴雨连绵的险奇景象，可以设想为文章的意境，但不可设想为人的心境，否则将不利于身心健康；阳光映在林中的美丽景致，可以借为文章抒发的情感，但不可以把它当作世情来遵循。

【原文】

巢父洗耳以鸣高，予以为耳其窦也，其言已入于心矣，当剖心而浣之；

陈仲出哇以示洁，予以为哇其滓也，其味已入于肠矣，当刲肠而涤之。

【译文】

巢父用洗耳来表明自己的清高，但我认为耳朵只不过是一个小洞而已，听到的话已经进入心里了，应当剖开心才能洗净；陈仲出门吐出鹅肉表明自己的高洁，但我认为吐出来的不过是废渣滓而已，鹅肉的味道已进入肠中，应剖肠才能洗干净。

【原文】

诋缁黄之背本宗，或衿带坏圣贤名教；
詈青紫之忘故友，乃衡茅伤骨肉天伦。

【译文】

诋毁僧人和道士背弃本家宗族，这就像文人破坏圣贤道德教化一样；谩骂高官忘记了老朋友，这近似于隐居之人伤害了骨肉亲情一样。

【原文】

炎凉之态，富贵甚于贫贱；
嫉妒之心，骨肉甚于外人。

【译文】

对世态炎凉、人情冷暖的体验，富贵之人远比贫贱之人深刻；嫉妒之心，骨肉亲人远比外人重。

【原文】

兄弟争财，父遗不尽不止；
妻妾争宠，夫命不死不休。
受连城而代死，贪者不为，
然死利者何须连城？
携倾国以待殂，淫者不敢，
然死色者何须倾国？

【译文】

兄弟间争夺父亲的遗产，遗产不尽争夺就不会停止；妻妾之间争夺丈夫的宠爱，丈夫不死争吵就没有休止。接受价值连城的宝物代替别人去死，即使再贪心的人也不会去做这种傻事，然而为利而死的人，所得的利益哪够得上价值连城呢？带着天姿国色的美女去等死，即使再贪色的人也不敢这么做，然而死于美色的人，所贪图的美色哪够得上倾国倾城呢？

【原文】

乌获病危，虽童子制梃可挞；
王嫱臭腐，惟狐狸钻穴相窥。

【译文】

处于病危状况的大力士乌获，连小孩都能拿棍子打他；死后身体腐臭的美人王昭君，只有狐狸会钻进墓穴偷看她。

【原文】

圣人悲时悯俗，贤人痛世疾俗，众人混世逐俗，小人败常乱俗。

**【译文】**

圣人对世俗慈悲怜悯；贤人对世俗痛恨憎恶；众人追随世俗；小人败乱世俗。

**【原文】**

读书为身上之用，而人以为纸上之用；
做官乃造福之地，而人以为享福之地。
壮年正勤学之日，而人以为养安之日；
科第本消退之根，而人以为长进之根。

**【译文】**

读书的目的，本是为了修身养性，而人们却认为只是舞文弄墨的事情；做官的宗旨，本是为了造福于百姓，而人们却以为是谋取私利享福的手段。年轻力壮，正是勤学苦读、积极进取的好岁月，而人们却以为这是保养安逸的时候；科举及第，本是谨慎退让、急流勇退的好时机，而人们却以为这是飞黄腾达的契机。

**【原文】**

盛者衰之始，福者祸之基。
福莫大于无祸，祸莫大于邀福。

**【译文】**

极盛，往往是衰败的开始；福祉，常常是灾祸的根源。最大的福气，就是终生无灾祸；最大的祸患，就是刻意求福。